D1322965

Voces de España
la historia del siglo XX español
Voices of Spain: The History of Spain in the 20th Century

**The complete transcript of the audio in Spanish with a
Spanish-English lexicon and cultural annotation**

Produced and edited by
Frank Smith

Narrated by
Iñaki Gabilondo, Ángeles Afuera and Miguel Ángel Nieto

English translations and annotation
Jonathan Holland

A presentation of *Puerta del Sol*,
published by Champs-Elysées, Inc.
Nashville, Tennessee
Bristol, UK

ISBN: 0-9724613-3-7

CONTENTS (SUMARIO)

VOCES DE ESPAÑA

Introduced by Iñaki Gabilondo
Editor and Producer Frank Smith
English Translations and Annotation Jonathan Holland
Presented by Ángeles Afuera and Miguel Ángel Nieto
Script Severino Donate
Transcript Isabel Moreno
Readings by Severino Donate, Joaquín Prat, Matilde Suárez, and Manu Zoco
Project Coordinator David Ralston
Editorial Consultants Carmen Brauning, Dianne Green, and Margaret Jull Costa
Copy Editors Fay Renardson and Amy Tonsits
Audio Post-Production Heather Jackson and Jason Price, Audioworks, Nashville, Tennessee
Design Susan Buchanan, Buchanan Davey, London, UK
Typography Vicki Stephens, Sure Type, Nashville, Tennessee
Original Score Ron Kristy

Voces de España is a publication of Champs-Elysées, Inc., publishers of *Puerta del Sol*, the Spanish-language audiomagazine for intermediate and advanced language students. Visit us online at **www.puerta-del-sol.com**. The company also produces audiomagazines for students of French, German, and Italian. For information on these innovative language products, see **www.champs-elysees.com**

© *2004 Champs-Elysées, Inc.*
2000 Glen Echo Road, Suite 205, Nashville, TN 37215, U.S.A. Tel: 615.383.8534

All rights reserved. No part of this book may be reproduced or transmitted in any form or by any means, electronic or mechanical, including photocopying, recording, or by any information storage and retrieval system, without permission in writing from Champs-Elysées, Inc.

Printed in the U.S.

FOREWORD (PRÓLOGO)

Voces de España is a unique history of 20th-century Spain, told in the voices of its protagonists. Introduced by Spain's top radio presenter, Iñaki Gabilondo, *Voces de España* is narrated by leading Spanish journalists, who guide us through the main events of the past 100 years of this fascinating and complex nation.

The story unfolds through the use of recordings, largely from the sound archives of the Cadena SER, the first nationwide radio network to be set up in Spain and still the country's audience leader. *Voces de España* comprises three 60-minute CDs, accompanied by a book containing a complete transcript, Spanish-English lexicon, and notes.

CD1 takes you from the beginning of the century to 1936, the eve of the Spanish Civil War. Monarchists, liberals, and anarchists live uneasily side by side during this period, when barricades are thrown up and the monarchy deposed. Spanish cinema also begins to emerge, and people dance to the strains of the *chotis*, while *Joselito* vies with Belmonte in the bullring.

CD2 begins with the tragedy of the Spanish Civil War. You hear how General Franco is at first reluctant to join the uprising against the Republic, how the real leader of the military rebellion dies in unexpected circumstances, and how Spain's most famous poet, Federico García Lorca, is brutally murdered. During and after the war, many Spaniards are forced to go into political exile, and others have to emigrate to find work. The long years of repression under the Franco dictatorship lead to the country's international isolation. Still, it is also the time when the first foreign tourists begin arriving to enjoy Spain's beach resorts.

CD3, covering the final quarter of the century, is an account of the rebirth of a modern nation, beginning with the restoration of the monarchy and Spain's transition from dictatorship to democracy. The arrival of Felipe González and the Socialists in the early eighties sparks Spain's dash to modernity. During this period, Spain organizes such major international events as the Middle East peace conference in Madrid, the Barcelona Olympics, and Expo '92 in Seville. Economic stability is consolidated in the last decade of the century, with the coming to power of the conservatives led by José María Aznar. Spain also triumphs in the arts, the sciences, and in sports.

We hope you enjoy this unique presentation of the history of 20th-century Spain. It is intended not only as a tool for those wishing to improve their Spanish, but also as a collector's item for those genuinely interested in Spanish history.

Frank Smith Editor and Producer

MILESTONES OF 20TH-CENTURY SPAIN

1902   Coronation of King Alfonso XIII

1906   Alfonso XIII marries Victoria Eugenia of Battenberg

1907   Antonio Maura becomes prime minister

1909   Barcelona's "Tragic Week"; outbreak of war in Morocco

1910   Legislation making education obligatory until age twelve

1914   Spain declares neutrality at the start of World War I

1918   Maximum eight-hour working day is introduced

1919   Metro opens in Madrid

1921   Prime Minister Eduardo Dato is murdered

1923   Military coup of General Primo de Rivera

1924   First radio broadcast

1926   "Plus Ultra" breaks transatlantic flying record

1927   War in Morocco ends; Generation of '27 literary movement is born

1928   Aviator Juan de la Cierva flies across English Channel in "autogiro," a precursor of the helicopter

1929   First "Miss Spain" is chosen

1930   Miguel Primo de Rivera resigns, replaced by Berenguer

1931   Left triumphs in municipal elections; monarchy is overthrown; Second Republic is proclaimed; Alfonso XIII goes into exile; new constitution is approved; women get vote

1933   Right wins general election

1934   Miners' strike in Asturias

1936   Left wins general election; Manuel Azaña is elected president; rebel generals rise against Republic; General Sanjurjo is killed in a plane crash; Spanish Civil War begins; Federico García Lorca is assassinated; Franco is appointed head of state and generalissimo of Nationalist armies; Germany and Italy recognize Franco's regime; José Antonio Primo de Rivera is executed; first International Brigade arrives

1937   Spanish bishops support Franco; bombing of Guernica by German Condor Legion; General Mola dies in airplane accident; battle of Brunete

1938   Battle of the Ebro

1939   Civil War ends; World War II begins

1940   Franco meets Hitler at Hendaye; Manuel Azaña dies in France

1941   Alfonso XIII dies in Rome

1945   World War II ends; Spain is excluded from newly formed United Nations

1946   U.N. recommends diplomatic boycott of Spain

1947   Marshall Plan is initiated—Spain is excluded; "Evita" Perón visits Spain with offer of Argentine aid

1950   Korean War begins

1953   Concordat between Spain and Vatican is signed; military bases agreement between Spain and USA is signed; Spain joins UNESCO

1955   Spain is admitted to U.N.

1958   Spain joins IMF and World Bank

1959   President Eisenhower visits Madrid

1962   Prince Juan Carlos marries Sofia of Greece in Athens

1963   Trial and execution of Julián Grimau

1966   Manuel Fraga's Press Law

1969   Juan Carlos is designated as Franco's successor

1970   Burgos trial of ETA members

1973   Prime Minister Carrero Blanco is assassinated by ETA; Arias Navarro is appointed to succeed him

1974   Franco, seriously ill, hands over power temporarily to Juan Carlos

1975   Five ETA and FRAP members are executed; Franco dies; Juan Carlos is proclaimed king; Arias Navarro is confirmed as prime minister

1976   Arias Navarro resigns; Adolfo Suárez is appointed prime minister; government grants partial amnesty; new Law of Political Reform is overwhelmingly endorsed in referendum

1977   Communist Party is legalized; first democratic elections since 1936 are won by Adolfo Suárez and UCD; autonomous government is reestablished in Catalonia; Josep Tarradellas returns to Spain as new Catalan president; Pacts of Moncloa are signed; Don Juan renounces his claim to the throne

1978   Age of majority is established at 18; new constitution approved in referendum; Suárez is returned to office in general election with much reduced majority

1981   Suárez resigns; Leopoldo Calvo Sotelo takes over as prime minister; military coup fails

1982   Soccer World Cup is held in Spain; visit of Pope John Paul II; Socialists win general election by huge majority; Felipe González becomes prime minister

1985   Spain signs Accession Treaty to European Community

1986   NATO referendum; Socialists obtain their second overall majority in elections

1987   ETA massacre at Hipercor in Barcelona; students strike against education reforms

1988   One-day national strike

1989   ETA declares truce; talks with government start in Algiers; José María Aznar contests his first general election as conservative leader; Socialists gain third straight overall majority

1991   GAL scandal erupts; government is accused of organizing "dirty war" against terrorism; Madrid hosts Middle East peace conference

1992 Spain's "Year of Wonders" with EXPO in Seville and Olympics in Barcelona

1993 Felipe González wins fourth term in general election but fails to get overall majority; "Holy Year" in Galicia

1994 Banesto bank fraud is discovered; Luis Roldán, head of Civil Guard, flees the country, accused of corruption; interior minister resigns

1995 Aznar survives assassination attempt by ETA; secret services are accused of phone tapping prominent people, including king; ministerial resignations follow; Miguel López Alegría becomes first Spaniard in space; Javier Solana becomes first Spaniard to be NATO secretary general

1996 Aznar wins general election and forms first right-wing government since death of Franco

1997 ETA kidnap victim is found alive after 532 days in captivity; ETA murder of young right-wing politician causes national outrage; Guggenheim Museum opens in Bilbao

1998 General Pinochet of Chile is arrested in London on orders of Spanish judge Baltasar Garzón

1999 ETA's year-long truce ends

2000 Pinochet's extradition to Spain is denied; Aznar and Popular Party are elected for second term; Pedro Almodóvar wins Oscar

contada told
testigo de a witness to
sumida immersed
propia de characteristic of, typical of
sufría un importante atraso very much lagged behind
perdido el rumbo lost its way
Sin embargo However
acaba de finalizar has just ended (*acabar de* + inf. = "to have just [done something]")
actualmente at present (*false cognate*)
conflictos fratricidas más sangrientos bloodiest fratricidal conflicts
carencia lack
seguida por followed by
temas (*m.*) subjects
propósito aim
acontecimientos events
dejaron huella left [their] mark
desarrollo progress; development; growth
carece de lacks
entrega part, installment
guías guides

CD1
INTRODUCTION

1 Bienvenidos a *Voces de España*, la historia del siglo XX español **contada** en las voces de sus protagonistas. Soy Iñaki Gabilondo.

El siglo XX fue **testigo de** cambios dramáticos en España. Hace 100 años la nación estaba **sumida** en una profunda depresión, **propia de** un país que **sufría un importante atraso** respecto al resto de Europa y que había **perdido el rumbo** y su razón de ser. **Sin embargo**, el siglo **acaba de finalizar** en un ambiente esperanzado. Existe **actualmente** una sensación real de optimismo sobre el futuro de España en el nuevo orden que emerge a comienzos del siglo XXI. De aquel 1900 a este 2000 el país ha pasado por uno de los **conflictos fratricidas más sangrientos** de la historia moderna, la Guerra Civil, seguida de la dictadura de Francisco Franco: 40 años de represión y **carencia** de libertades políticas. Muerto Franco, se abrió una de las etapas más brillantes de nuestra historia política reciente: la transición de la dictadura a la democracia, **seguida por** nuestra reincorporación a la Europa política.

Todos estos **temas** y muchos más son el escenario de los tres programas en que se divide *Voces de España*. Nuestro **propósito** es relatarles los **acontecimientos** más importantes del siglo XX español acercándoles a las personas que **dejaron huella** en ese período. Es a la vez una historia trágica y feliz, cuyo **desarrollo**, a veces acelerado, a veces lento, nunca **carece de** interés. En nombre del equipo que ha elaborado *Voces de España*, les invito a escuchar a continuación la primera **entrega**, presentada por los periodistas Ángeles Afuera y Miguel Ángel Nieto, nuestros **guías** a lo largo de los tres volúmenes de *Voces de España*.

un reino sin rey a kingdom without a king

Alfonso Alfonso XIII (1886–1941), king from 1886 to 1931, was Spain's last Bourbon monarch until his grandson, King Juan Carlos I, came to the throne.

María Cristina María Cristina II, a second cousin of the Austrian emperor Franz Joseph, was queen consort from 1879 to 1886, and regent for her son from 1886 to 1902.

rebelde rebellious

Isabel II (1830–1904) The queen's political irresponsibility, scandalous reports about her private life, and opposition to the authoritarianism of her regime led to a decline in the prestige of the monarchy and subsequently to Isabella's exile in Paris following the Revolution of 1868.

cadete cadet

bigote mustache

campechano uncomplicated

gustoso willing

vicios vices

un recuerdo especial a special greeting

que bien quisiera refrendar algún día con mi presencia which I would very much like to endorse with my presence one day

previsible predictable

nunca habría hecho frente a would never have had to confront

la nunca aclarada voladura del acorazado *Maine* The never-explained explosion of the battleship *Maine* in February 1898 in Havana harbor killed 260 seamen and precipitated an armed invasion by the United States.

sacando fuerzas de su rabia drawing strength from its anger

claudicar to give way

poniendo punto final a putting an end to

1900-1909

2 Al comenzar el siglo XX España era **un reino sin rey**. El heredero de la Corona se llamaba **Alfonso** y el 1 de enero de 1901 sólo tenía 15 años. Su padre había muerto antes de nacer él, por eso su madre, **María Cristina**, le preparaba para reinar en un país apasionado y **rebelde**, que ya había expulsado una vez a la dinastía de los Borbones, concretamente a su abuela, **Isabel II**, tras la Revolución de 1868.

1902:
Coronation of
King Alfonso XIII

Como es tradición en las Casas Reales europeas, Alfonso se había formado como **cadete** en Gran Bretaña. Era un hombre alto y delgado, con un fino **bigote**, aficionado a las armas y a los caballos. Su carácter **campechano** y simpático agradaba al pueblo, **gustoso** de ver en tan altos personajes los **vicios** y defectos del más común de los mortales. El 17 de mayo de 1902, Alfonso XIII era coronado Rey y en su primer discurso tuvo **un recuerdo especial** para las antiguas colonias de España:

–Naciones de América, a vosotras va mi saludo, **que bien quisiera refrendar algún día con mi presencia**.

¿Y qué país encontraba Alfonso XIII? En primer lugar, un viejo Imperio que acababa de perder sus últimas colonias: Cuba, Filipinas y Puerto Rico. La guerra con Estados Unidos había sido corta, pero con un final **previsible**. España **nunca habría hecho frente a** una intervención norteamericana en Cuba, si no hubiera sido por **la nunca aclarada voladura del acorazado** *Maine*. El empobrecido ejército español había protagonizado algunos heroicos momentos **sacando fuerzas de su rabia**. Pero el Gobierno tuvo que **claudicar**, impotente, **poniendo punto final a** la historia de un viejo Imperio que quedaba reducido a las fronteras actuales.

Alfonso XIII con sus hijos
Alfonso y Jaime y su tutor

El futuro rey de
España, Alfonso
XIII, en 1901

3 Tras estas guerras coloniales, un sentimiento de pesimismo invadía a los

derrotados defeated

la Generación del 98 Used to describe disillusioned Spanish intellectuals active at the time of the Spanish-American War (1898), this term was already in use at the turn of the 20th century. The concept of exploring Spain's malaise with an eye to the country's future was further developed by the literary critic Azorín in subtly simple essays and articles. The Generation of '98 was concerned with Spain's heritage and position in the world; and although they rarely agreed on what exactly were the nation's ills or how to treat them, they shared the aim of restoring Spanish pride and determination.

distintas different [from one another]

se congregaban en torno a were gathered around

Miguel de Unamuno (1864–1936) philosopher and writer, a precursor of existentialism who is widely considered one of the most consequential thinkers of modern Spain. Deeply influenced by his own yearning for immortality, his greatest work is probably *Del sentimiento trágico de la vida* (1913), which examines the rift between reason and faith. Unamuno was twice removed as head of the University of Salamanca, the first time for supporting the Allied cause in the First World War and later for criticizing Franco's Falangists.

Ángel Ganivet (1865–1898) essayist and satirical novelist who wrote *Idearium español* (1897), a penetrating critique of the Spanish temperament as a basis for the country's rebirth. Ill and disappointed in love, Ganivet drowned himself while working for the Spanish consular service in Latvia.

Ramiro de Maeztu (1875–1936) Ramiro de Maeztu y Whitney (his father was Basque, his mother English) was a political writer and journalist and a lifelong Spanish nationalist. Initially a socialist but later a monarchist—he wrote the textbook work on traditionalism, *La defensa de la Hispanidad* (1934)—he was executed by the Republicans early in the Civil War.

al hacerlo in doing so

descontaba discounted

Pensemos Let us think. The present subjunctive can function as a first-person-plural imperative.

redención redemption

Patria fatherland, homeland

las culpas de sus hijos the sins of its children

no suponían ya no longer constituted

Más bien al contrario On the contrary, rather

lastre burden

arcas coffers

de sol a sol from morning until night

el Señor the Lord

ponerse a agachar *here:* bend down

la España campesina rural Spain

focos centers

floreció flourished

industria siderúrgica iron-and-steel industry

Cataluña This is the Castilian spelling; in Catalan it is "Catalunya."

riqueza wealth

MIGUEL DE UNAMUNO 2'50 PTAS

ESPAÑA

CORREOS

Miguel de Unamuno

españoles, que recibían ahora a sus soldados **derrotados**. Como revulsivo a ese sentimiento de derrota, se formó un grupo de intelectuales jóvenes conocido como **la Generación del 98**, cuyas obras literarias, aunque bien **distintas, se congregaban en torno a** una misma idea: la de la regeneración. **Miguel de Unamuno, Ángel Ganivet**, o **Ramiro de Maeztu**, que escribía lo siguiente:

–¿Qué importa la guerra? ¿Qué la muerte? España tenía que decir sí a la guerra, y **al hacerlo descontaba** sus catástrofes. No es hora de disputas, sino de dolorosa contrición. ¡Paz para todos! **Pensemos**, estudiemos, trabajemos unidos y constantes. Ésa es la **redención**, la de la **Patria** y la de **las culpas de sus hijos**.

Las colonias **no suponían ya** una fuente de ingresos externos. **Más bien al contrario**, la presencia colonial española era un **lastre** para las **arcas** del Estado. España vivía fundamentalmente de la agricultura. Pero a las tierras españolas no habían llegado los avances de la revolución industrial. Hombres, mujeres y niños trabajaban el campo **de sol a sol**.

¡Ay! ¡Ay, ay, ay!
¡Qué trabajos nos manda **el Señor**!
Levantarse y **ponerse a agachar**
todo el día a los aires del sol.
¡Ay! ¡Ay, ay, ay!

Junto a **la España campesina** crecían dos grandes **focos** industriales. El primero en el norte, en el País Vasco, donde **floreció la industria siderúrgica**. El segundo en el este, en **Cataluña**, donde se dio un gran impulso a la industria textil. Y al calor de la **riqueza** generada en ciudades

iba a ser would be

motor de arranque catalyst, driving force (*literally:* starter motor)

lujo luxury

hipódromos racetracks

adineradas well-off

La Fornarina (1885–1915, real name Consuelo Bello) notoriously coquettish early exponent of the *cuplé* (see below)

La Bella Otero (1868–1965, real name Agustina Carolina Otero Iglesias) Galician-born artiste who was as well-known for her love affairs (one of which was reputed to be with Alfonso XIII) as for her performances at the Folies-Bergère

letras picantes saucy lyrics

cuplé a forerunner of the more modern *copla*, whose finest interpreters included Pastora Imperio and Raquel Meller. The term derives from the French "*couplet.*"

mírame look at me

sobrina niece

Mateo Morral Morral, an employee at Francisco Ferrer's nonclerical Modern School, threw the bomb disguised as a bouquet from a fourth-story balcony on the calle Mayor in Madrid, killing several people but missing the king and his bride.

atentado attack, assassination attempt

oculta hidden

ramo de flores bouquet of flowers

estalló exploded

carroza carriage

cortejo cortege

recorre travels the length of

glorieta square

enfila *here:* turns into

¡Vivan los Reyes! Long live the king and queen!

como Madrid, Bilbao o Barcelona nació una clase media que **iba a ser** el principal **motor de arranque** e impulso para el país, que recibía grandes influencias de Europa y sobre todo de París, la capital del **lujo** y la modernidad.

4 Los **hipódromos**, los bailes, las fiestas, eran las aficiones de esas clases **adineradas** al comienzo del siglo XX. Y el teatro, en el que triunfaban cantantes como *La Fornarina* o *La Bella Otero*. Y un género musical que alternaba la música alegre y las **letras picantes**: el **cuplé**.

> Y al llegar te diré "**mírame**".
> Y al mirarme dirás "quiéreme".
> Y mis ojos dirán "bésame".
> Que tus besos me harán, loca, decir
> "si tu amor es verdad, mírame"…

1906: Alfonso XIII marries Victoria Eugenia of Battenberg

En 1906, el rey Alfonso XIII se casó con la princesa Victoria Eugenia de Battenberg, **sobrina** del Rey de Inglaterra. Tenía el joven monarca 20 años. Por aquellas fechas el descontento popular crecía y empezaban a nacer movimientos de protesta de carácter anarquista.

La reina Victoria Eugenia con su hijo Gonzalo

Uno de sus militantes, **Mateo Morral**, planeó un **atentado** contra los Reyes el mismo día de su boda. Una bomba, **oculta** en un **ramo de flores**, **estalló** al paso de la **carroza** donde viajaban los nuevos esposos reales. En esta dramatización radiofónica escuchamos el momento de pánico vivido aquel 31 de mayo de 1906:

5 –¡Eh! Vosotras, vamos corriendo a la calle Mayor antes de que llegue la carroza allí. ¡Viva el Rey! ¡Vivan los Reyes!

El **cortejo recorre**, entre flores y banderas, la calle de Alcalá, la **glorieta** de Cibeles, Puerta del Sol y ahora **enfila** la calle Mayor. Son casi las dos de la tarde. El calor es sofocante. Victoria Eugenia y Alfonso saludan con la mano. Llegan al final de la calle…

–(¡**Vivan los Reyes**!)

de repente suddenly
¡Qué de sangre! What a lot of blood!
portal doorway
Bloquead *imperative*: Block
despejen clear the way
comitiva procession
salpicado spattered
polvillo *here:* fragments of broken glass
heridos wounded
relinchar neighing
yacen lie
charcos pools
autor *here:* perpetrator
Guardia Civil The Civil Guard was established in 1844 to maintain law and order, especially in
   rural areas. Organized labor and Republicans frequently found themselves targets of the Guard,
   which became strongly identified with General Franco's regime. Only as recently as 1986 did it
   name a director who was not a military man.
Santiago Ramón y Cajal (1852–1934) The histologist Ramón y Cajal established that the neuron,
   or nerve cell, is the basic unit of the nervous system. Along with Camillo Golgi, he received the
   Nobel Prize for medicine in 1906.
investigado researched
tejido nervioso humano human nerve tissue
comportamiento de las neuronas behavior of neurons
histología cerebral brain histology. Histology is a branch of anatomy dealing with the
   microscopic structure of animals and plants.
conferencias lectures. Ramón y Cajal gave this particular one in 1931, when he was nearly
   80 years old.
naturaleza nature
nos ha otorgado dotación limitada has bestowed upon us a limited supply
He aquí *formal:* Here we have. A more colloquial equivalent is *hay aquí.*
acrecentar increase
caudal celular *in effect:* the quantity of cells
como si dijéramos so to speak
hilos telegráficos del pensamiento telegraph wires of thought
asociaciones reflejas reflex associations
creaciones ideales creation of ideas

…y **de repente**, desde el balcón del cuarto piso del número 88 un ramo de flores es lanzado al mismo pie de la carroza real.

–¡Dios mío! ¡Dios mío!

–Ha sido una bomba, desde aquel balcón.

–Han matado a los Reyes. ¡Santo Dios! **¡Qué de sangre!**

–¡Juan, Juan!

– Allí. Mira ese **portal**. **Bloquead** la entrada. Que no escape. ¡A ver, señores, **despejen**!

La bomba ha caído a los pies de la **comitiva**. El traje de Victoria Eugenia queda **salpicado** de sangre y del **polvillo** de los cristales rotos. Inmediatamente los Reyes cambian de carruaje mientras en la calle Mayor quedan los lamentos de los **heridos** y el **relinchar** dramático de los caballos alcanzados por la bomba. Espectadores, oficiales, miembros de la nobleza **yacen** entre **charcos** de sangre.

Dos días después el anarquista **autor** del atentado se suicidó cuando la **Guardia Civil** estaba a punto de capturarle.

6 En 1906 un científico español consiguió el Premio Nobel de Medicina. **Santiago Ramón y Cajal** había **investigado** durante largos años el **tejido nervioso humano** y el **comportamiento de las neuronas**. Sus investigaciones permitieron grandes avances en el campo de la **histología cerebral**. Ramón y Cajal daba numerosas **conferencias** como ésta que hoy podemos volver a escuchar:

Santiago Ramón y Cajal

–La **naturaleza nos ha otorgado dotación limitada** de células cerebrales. **He aquí** un capital, grande o pequeño, que nadie puede aumentar, ya que la neurona es incapaz de multiplicarse. Pero, si se nos ha negado la posibilidad de **acrecentar** el **caudal celular**, se nos ha otorgado, en cambio, el inestimable privilegio de modelar, ramificar y complicar las expansiones de estos elementos, **como si dijéramos**, de los **hilos telegráficos del pensamiento**, para combinar, casi hasta el infinito, las **asociaciones reflejas** y las **creaciones ideales**.

Enrique Granados (1867–1916) composer best known for his piano compositions that combine a distinctively Spanish folk idiom with the lyricism of Chopin. His masterpieces, the *Goyescas* (1911–13), are reflections on Goya's paintings and tapestries.

embrujo charm, magic

Antonio Maura One of the key political figures during the reign of Alfonso XIII, Antonio Maura y Montaner (1853–1925) was the head of the Conservative Party and five times prime minister. He is remembered for his democratic reforms and for his attempts to foster a constitutional monarchy.

inestable unstable

la región de Cataluña now-autonomous region in northeastern Spain consisting of the provinces of Barcelona, Gerona, Lérida, and Tarragona

cunde el descontento discontent spreads

fábricas factories

sindicato trade union, labor union

Confederación Nacional del Trabajo An anarchist-syndicalist organization founded in 1910 that advocated militant tactics against capitalism and government in general, the National Confederation of Labor was a major political force until the end of the Civil War. A model of antibureaucracy, the CNT had at least a million members by 1936—and one paid official, the general secretary.

se remontan a date back to

tranvías trams, streetcars

desembocó en resulted in (*literally:* flowed into)

solían dejar usually left behind

la Semana Trágica the Tragic Week

llamado a filas called up

reservistas reservists

El Poble Català (*in Catalan*) "The Catalonian Nation"

ENRIQUE GRANADOS

Enrique Granados

En 1907 triunfaba la música de un joven compositor español. Se llamaba **Enrique Granados** y los críticos consideraban que nadie como él había reflejado en sus obras el espíritu de la nación, su romanticismo y su **embrujo**. Escuchan ustedes sus *Goyescas*, su obra cumbre.

La política española en 1907 va a encontrarse con sucesivas crisis de gobierno. Los liberales son sustituidos por los conservadores, con **Antonio Maura** al frente. Pero la situación seguirá siendo **inestable**. En **la región de Cataluña cunde el descontento** entre las clases trabajadoras, que utilizan las nuevas armas de protesta del proletariado: las huelgas en las **fábricas**.

1907: Antonio Maura becomes prime minister

¡A las barricadas! ¡A las barricadas!
Por el triunfo
de la Confederación.

7 Éste que escuchan es el himno de los anarquistas españoles, cuyo **sindicato**, la **Confederación Nacional del Trabajo**, la CNT, fue fundado a comienzos de siglo. Sus orígenes **se remontan a** las Federaciones de Trabajadores, que propugnaban la huelga general revolucionaria como principal medio de lucha. Y en efecto, en 1901 se había producido la primera de ellas: una huelga de **tranvías** en la ciudad de Barcelona que **desembocó en** una huelga general. El descontento de los trabajadores en

1909: Barcelona's "Tragic Week"; outbreak of war in Morocco

las calles, junto a la feroz represión de las fuerzas del orden público **solían dejar** un rastro de víctimas. Pero nunca tantas como en lo que se llamó **la Semana Trágica**.

Entre el 26 y el 31 de julio de 1909 se produjo uno de los más graves conflictos sociales de principios de siglo. El Gobierno había **llamado a filas** a los **reservistas** para enviarles a proteger los intereses españoles en Marruecos. Desde el diario *El Poble Català* se inició una campaña de protestas contra esa decisión del Gobierno que cundió no sólo entre los antimilitaristas, sino sobre todo

Soldados ante un edificio dañado durante la Semana Trágica de Barcelona

incierta *in effect:* with an uncertain outcome
La huelga general The general strike
disparan open fire
manifestantes demonstrators
enfurece enrages
asalta attacks
balance toll; outcome
estalla breaks out
Guerra de Marruecos Moroccan War (1909–10), the first of the century's several Moroccan-Spanish conflicts that continued until 1927
protectorado protectorate
la región del Rif mountainous coastal area extending roughly from Tangier in Morocco to the border with Algeria
a conveniencias del in the interests of, for the convenience of
apocado espíritu timid spirit
quizás también pudieran pedirnos...por habernos desentendido we might well be criticized...for having ignored
bajas casualties
el desastre de Anual the July 1921 rout of Spanish troops at Annoual, near Melilla, by Moroccan tribes led by Abd el-Krim. Some 12,000 Spanish soldiers were killed.
huida en desbandada rout
Manu Leguineche (b. 1941) prolific journalist and essayist whose work includes writings on travel and history
combatiente de infantería infantry fighter, foot soldier
pega[d]o *in effect:* knowledgeable
palmo a palmo *in effect:* like the back of his hand, every inch of
batido por todos los la[d]os pounded from all sides

entre padres y esposas que no querían que sus hijos y maridos fueran a una guerra **incierta**.

La huelga general triunfa y las calles de Barcelona se llenan de barricadas. Los guardias **disparan** contra los **manifestantes** causando varios muertos, lo que **enfurece** más a la población, que en los días siguientes **asalta** los arsenales y quema iglesias, colegios y conventos.

Sólo con centenares de soldados, llegados desde Valencia, Zaragoza, Burgos y Pamplona, se logrará sofocar la revuelta, que dejará un **balance** de 80 muertos y más de un millar de heridos.

8 En febrero de 1909 **estalla** la **Guerra de Marruecos**. Ya existía descontento con el **protectorado** español por parte de algunas tribus de **la región del Rif**. Pero cuando un grupo de rifeños ataca a los trabajadores españoles del ferrocarril, que explota las minas de Ben-Ibu Ifru, las autoridades españolas deciden poner todos los medios para acabar con el conflicto.

Tropas españolas parten para la Guerra de Marruecos

Una guerra impopular que el rey Alfonso XIII justificó así:

—Si **a conveniencias del** momento, se atendiera con **apocado espíritu**, quizás lograríamos la tranquilidad de hoy, pero en lo porvenir **quizás también pudieran pedirnos**, sin fecha puesta, **por habernos desentendido**, egoístas, del problema africano.

La guerra entre España y Marruecos causará entre los soldados españoles 17.000 **bajas**. Uno de sus episodios más trágicos, **el desastre de Anual**, con la **huida en desbandada** de las tropas españolas, fue contada en un reciente libro por el escritor **Manu Leguineche**:

—Y nos metimos en la peor guerra, en el peor momento y en el peor sitio, porque el rifeño es quizás, o era, el mejor **combatiente de infantería**, muy **pega[d]o** al terreno, eh, absolutamente sobrio, hum, conociendo **palmo a palmo** el, lo, dónde se movía, conociendo la psicología del enemigo. Y a eso se vino a unir el desastre de la elección de Anual, un valle a 125 kilómetros de Melilla, que era **batido por todos los la[d]os**, pero que

se encontraron con que found they had to
cartuchos cartridges
descalibrados uncalibrated
salieron todos corriendo they all ran off
moros Moors, Arabs. Nowadays, the term is considered racist.
machacaron a tiros *in effect:* they gunned them down
Ceuta y Melilla Spanish enclaves in Morocco

de pronto los soldados españoles **se encontraron con que** tenían que beberse los orines de los caballos, de las mulas, de, terminaron bebiéndose sus propios meados con azúcar, eh, cada soldado tenía cuatro **cartuchos**, había fusiles **descalibrados** que no llegaban a disparar bien, sin precisión. En

Soldados españoles en Melilla

fin, eh, mandaron a los más pobres, como siempre, y a los peor equipados a combatir y se produjo un reflejo de pánico tan terrible que, bueno, pues, **salieron todos corriendo** y los **moros**, que estaban muy bien situados, vamos, los rifeños, los **machacaron a tiros**.

Marruecos quedará pacificado en 1927, tras la colaboración de Francia con España para terminar aquella sangría de hombres y dinero. España conserva en el norte de África sus ciudades de **Ceuta y Melilla**, pertenecientes a la Corona española desde el siglo XV.

El patio (...) como los demás popular children's song sometimes seen as reflecting conventional bourgeois values

trabajo nocturno de la mujer *in effect:* women working at night

campo countryside

extendiéndose spreading

los vientos que soplan the winds [of change] that are blowing

Emilia Pardo Bazán (1851–1921) poet, critic, and novelist, largely responsible for introducing naturalism into Spain. Her best-known work, *Los pazos de Ulloa* (1886), has been translated as *The House of Ulloa.*

gallega Galician

estancamiento stagnation

encogidas fearful, faint-hearted; shriveled

ñoñas feeble

Ética Ethics

dando el ejemplo setting an example

costumbres customs

prejuicios prejudices

atada al mandato de un varón *literally:* bound to a man's commands

sacerdote confesor priest, father confessor

goza de enjoys

1910-1922

9 El patio de mi casa
   es particular.
   Cuando llueve se moja,
   como los demás.

En la primera década del siglo XX los gobernantes españoles inician una serie de tímidas reformas sociales. La primera es la educación obligatoria hasta los 12 años.

1910: Legislation making education obligatory until age twelve

El objetivo de la norma es evitar la explotación infantil. Porque en la España de principios de siglo no hay edades ni sexo para trabajar en las condiciones más inhumanas. Otra ley, aprobada en 1910, prohíbe el **trabajo nocturno de la mujer**. También las mujeres son explotadas, principalmente en el **campo**.

Pero aún no han llegado a España los movimientos feministas que ya están **extendiéndose** desde Estados Unidos a toda Europa. Aquí en España hay muy pocas mujeres que conozcan **los vientos que soplan** fuera de sus fronteras. Pero una de ellas es la escritora **Emilia Pardo Bazán**, gran novelista y ensayista **gallega**, que se refiere así al feminismo en uno de sus artículos:

–El **estancamiento** del feminismo en España no depende del Gobierno, sino de las costumbres, que son **encogidas, ñoñas**. Aquí, donde ninguna mujer encuentra mal bailar un tango, por ejemplo, encontraría muy mal ir a las aulas universitarias a estudiar Lógica y **Ética**. Mi obra para abrir las puertas españolas al feminismo ha sido solamente personal, **dando el ejemplo** de hacer todo lo que está prohibido para la mujer. Si otras mujeres siguieran mi ejemplo, el feminismo en España sería un hecho.

10 Pero las **costumbres** y los **prejuicios** son más fuertes y la mujer española de principios de siglo vive desde que nace **atada al mandato de un varón**: primero su padre, luego su esposo, siempre su **sacerdote confesor**. La religión católica **goza de** una poderosa influencia en la sociedad. Es además la religión oficial del Estado.

rige is in force, governs
promulgada passed
el culto y sus ministros the worship and its ministers
decreto decree
judíos Jews
creencias beliefs
ay, babilonio, qué mareo oh, man from Babylon, my head is spinning
misas y penitencias masses and penances
La corte del faraón "The Pharaoh's Court." A film based on this famous *zarzuela* (operetta),
    starring Ana Belén and Antonio Banderas, was made by José Luis García Sánchez in 1985.
súbditos subjects
vaporosos *here:* sheer
de doble sentido full of double entendres
lucir wear ostentatiously, sport
prenda garment
jupe-culotte *French:* culottes
se atreve a dares to
acorraladas cornered
solicitando by asking for. *X-ando/-endo* = "By X-ing"
acogida reception
costumbristas The word *costumbrismo*, from which this derives, is defined in the *Diccionario
    de la Real Academia Española* as follows: "En las obras literarias y pictóricas, atención que se
    presta al retrato de las costumbres típicas de un país o región."

La Constitución que en esa época **rige** en España, **promulgada** en 1876, dice en su artículo 11: "La religión católica, apostólica, romana, es la del Estado. La Nación se obliga a mantener **el culto y sus ministros**". Y aunque en 1910 se publica un **decreto** que permite algún signo externo de las religiones no católicas, los poquísimos **judíos** y protestantes que viven en España no pueden asistir a ceremonias públicas de sus respectivas **creencias**.

Ay ba, ay ba,
ay, babilonio, qué mareo.

Y en esta sociedad de **misas y penitencias** cae como una bomba un musical escandaloso que se estrena el 22 de enero de 1910 en el Teatro Eslava de Madrid. Están escuchando un fragmento. Se titula *La corte del faraón*.

Narra la historia de una bella mujer, esposa del faraón Putifar, que busca el amor entre sus

Representación de *La corte del faraón*

súbditos al no poder encontrar satisfacción sexual en su marido. El tema, las bailarinas, que visten ligeros y **vaporosos** velos orientales, las canciones **de doble sentido** y contenido erótico son un escándalo para la sociedad de la época, que sin embargo llena el teatro cada noche.

11 Y si en el teatro hay provocación, en las calles de las ciudades más importantes, las mujeres empiezan a **lucir** una **prenda** muy atrevida. Ha llegado de Francia, donde se llama *jupe-culotte*. Es el pantalón, prenda hasta entonces reservada a los hombres. Cuando una mujer **se atreve a** vestir un pantalón, es que se atreve a todo. Y hay noticias que hablan de señoras insultadas y **acorraladas** por las calles, que han tenido que protegerse de los defensores de la moral **solicitando** la protección de un guardia.

La **acogida** del público a *La corte del faraón* es notable, pero tiene que competir con las comedias **costumbristas** de dos hermanos andaluces,

1910-1922
GLOSARIO Y NOTAS

Serafín y Joaquín Álvarez Quintero (1871–1938 and 1873–1944, respectively) The Álvarez Quintero brothers wrote nearly 200 plays, mostly comedies, based on life in their native Andalusia; their works were immensely popular for their lively dialogue.

autores de éxito most successful [*here:*] playwrights

pintoresco picturesque

alegría *here:* joie de vivre

rejas llenas de flores grilles [on doors and windows] covered in flowers

papel en blanco blank sheet of paper

brotó sprang up

infunde *here:* infuse

consciente conscious

sin mañas ni resabios *in effect:* without trickery or unpleasantness

corridas de toros bullfights

aliciente attraction

toreros bullfighters

aficionados fans. The word *aficionado* is now commonly used in English.

diestros matadors; bullfighters. The *diestro* is the leading player in the bullfight and the one who kills the bull; *torero* can refer to him, as well as to any of his assisting team.

nerviosismo *here:* impatience; tension, edginess

gracia gracefulness, elegance. This important, resonant word may also mean, depending on context, "favor," "attractiveness," "wit," and "point [of a joke]."

chispa sparkle; wit

hasta en los errores even when he makes mistakes

se medirán measure themselves against each other

arrojo daring

funestas disastrous

en el ruedo in the bullring

Serafín y Joaquín Álvarez Quintero. Son, sin duda, los **autores de éxito** de estos primeros años de siglo. En sus obras reflejan todo el ambiente **pintoresco** de Andalucía: la **alegría**, el sol, las **rejas llenas de flores**, las mujeres morenas y los hombres a caballo. Podemos ahora escuchar al propio Serafín Álvarez Quintero explicando cómo se enfrentaban al **papel en blanco** a la hora de escribir una comedia:

¿Cómo escribimos una comedia?
Se elige un tema que **brotó** en la mente
al soplo de una historia conocida,
como la sangre roja de la herida
o como el agua clara de la fuente.
Se **infunde** luego con amor **consciente**
en la ficción que habrá de darle vida.
Se hace nacer a gente no nacida,
se estudian sus pasiones y su ambiente.
Y a dialogar **sin mañas ni resabios**.

1913. Las **corridas de toros**, máximo espectáculo en la mayor parte de España, van a contener un **aliciente** más. Dos **toreros** rivales, José Gómez, *Joselito*, y Juan Belmonte, dividen a los **aficionados**, que emprenden largas discusiones acerca del arte de ambos **diestros**. De un lado *Joselito*: la técnica, el dominio de la situación, la serenidad frente al toro. Del otro Belmonte: el **nerviosismo**, la **gracia**, la **chispa** que le hace diferente **hasta en los errores**. *Joselito* y Belmonte **se medirán** en todas las plazas de toros de España. Muchos aficionados suponen que el **arrojo** de Belmonte le traerá **funestas** consecuencias. Sin embargo es *Joselito* quien muere **en el ruedo**, en 1921. Belmonte **se queda**

Una corrida de toros en 1910

se queda huérfano de rival is left deprived of a rival
ya anciano already an old man
heredero heir
el estallido de la Primera Guerra Mundial the outbreak of World War I
potencias powers
países aliados allied countries, allies
tras *here:* beyond
pone a España en un compromiso puts Spain in an awkward position
germanófila Germanophiles: lovers of Germany, its culture, and its people
recela distrusts
laica secular
Eduardo Dato (1856–1921) leader of the Conservative Party from 1913 to 1921, who served three times as prime minister
respiran tranquilos breathe easy
empobrecido impoverished, weakened
Manuel Azaña (1880–1940) prime minister from 1931 to 1933. In 1935, the journalist, novelist, and translator helped found the Frente Popular, a left-wing coalition party. The next year, as head of the party, he briefly became president of the Second Republic. He died in exile in France.
discurso speech
Ateneo Founded in 1835, the Madrid Athenaeum (calle del Prado, 21) was originally both a center for scholarship and a forum for vibrant intellectual debate; speakers there included Henri Bergson, André Malraux, and Albert Einstein. The onset of the Civil War radically curtailed its activities, and today, while it remains a forum for liberal ideas, it has become somewhat of a symbol of faded glory.
forzosa enforced
impuesta por imposed by
indefensión defenselessness
afrontarla to face it

huérfano de rival. Es un hombre atormentado y solo. Se suicida, **ya anciano**, en 1958.

12 El 28 de junio de 1914 es asesinado en Sarajevo el archiduque Francisco Fernando, **heredero** del Imperio Austrohúngaro. Este atentado marcará **el estallido de la Primera Guerra Mundial**. Las **potencias** de la Europa central, Alemania y Austria, frente a los **países aliados**: Francia, Rusia y Gran Bretaña. La Guerra, que se desarrolla **tras** nuestras fronteras, **pone a España en un compromiso**: por un lado, económica y geográficamente, estamos más cerca de los aliados, por otro, la gran mayoría de los españoles se declara **germanófila**, pues **recela** de la Francia **laica** y moderna.

Eduardo Dato

El 31 de julio el presidente del Gobierno, **Eduardo Dato**, telefonea al Rey, que pasa sus vacaciones en Santander. Alfonso XIII se encuentra también en una delicada situación personal: su madre es austriaca, su esposa inglesa. El Rey ordena la más estricta neutralidad y los españoles **respiran tranquilos**. Otro conflicto armado hubiera sido un desastre para el ejército español, **empobrecido** por las sucesivas campañas en Marruecos.

Un político español que años más tarde será presidente, **Manuel Azaña**, pronuncia un histórico **discurso** en el **Ateneo**, centro de debate de los intelectuales madrileños. Y justifica la neutralidad española en este párrafo que ahora leemos:

–La neutralidad de España no ha sido ni es una neutralidad libre, declarada por el Gobierno y aceptada por la opinión pública después de un maduro examen. Es una neutralidad **forzosa, impuesta por** nuestra propia **indefensión**. Jamás ante un suceso de tan gran magnitud se ha encontrado un pueblo menos preparado que el pueblo español para **afrontarla**.

1914: Spain declares neutrality at the start of World War I

1910–1922
GLOSARIO Y NOTAS

Paradójicamente Paradoxically

empujón push

abastecedores suppliers

harina flour

trigo wheat

plomo lead

balanza comercial y de pagos the balance of trade and payments

deuda exterior foreign debt

no se reparte para todos is not distributed to everyone

¡Arriba (…) sin pan! The lines are from the *Internacional*, the Spanish version of the former official Socialist anthem.

la caída del Zar the fall of the czar. The last Russian czar, Nicholas II, was executed in 1918. ("Czar" derives from the Roman imperial title "Caesar.")

encabezado led

radicalización *here:* turn to the left (because it could have been equally well to the right and still have been *radicalización*)

carestía de la vida high cost of living

escasez scarcity

productos alimenticios foodstuffs

riguroso harsh

combustible fuel

calentarse to get warm

aprovisionar de supply

penosas arduous

las minas de Río Tinto The vast Río Tinto opencast (exposed, open to the air) mineral-ore mines are reputed to be the oldest in the world, and local myth has it that they once belonged to King Solomon.

hacer una denuncia valiente make a brave accusation

arreojados Concha Espina may have meant *arrojados*, "valiantly."

siniestra grim

dantesca Dantesque

esclavitud slavery

implantado *here:* introduced

Paradójicamente, la Guerra dio a España un **empujón** hacia el progreso. El país se convirtió en uno de los principales **abastecedores** de los países en guerra, exportando vino, naranjas, **harina**, **trigo** y aceite, pero también **plomo**, mercurio y hierro. La venta de estos minerales al extranjero permite que se equilibre la **balanza comercial y de pagos**, y que España pueda pagar casi toda la **deuda exterior**. En esta época nacen algunas de las grandes fortunas del siglo XX. Pero la prosperidad **no se reparte para todos**.

13 ¡Arriba los pobres del mundo!
¡En pie los esclavos sin pan!

El 7 de noviembre de 1917 estalla la Revolución Rusa. Los españoles conocen por la prensa **la caída del Zar** y la creación de un nuevo estado de los *soviets*, **encabezado** por Lenin. Esta **radicalización** política preocupa en toda Europa. También aquí, donde los trabajadores organizan sus protestas con mayor frecuencia por la **carestía de la vida** y la **escasez** de los productos. La Guerra Mundial absorbe todos los recursos naturales de los países neutrales, y en éstos empiezan a faltar los **productos alimenticios**.

En ese invierno de 1917, particularmente **riguroso**, tampoco habrá **combustible** para **calentarse**. Los submarinos alemanes impiden a los barcos mercantes de todas las nacionalidades **aprovisionar de** gasolina a una Europa que se muere de frío. Y las condiciones de trabajo siguen siendo muy **penosas**. Una de las mejores escritoras españolas de la época, Concha Espina, visita **las minas de Río Tinto** en Huelva y regresa a Madrid impresionada, dispuesta a **hacer una denuncia valiente** de la situación de los mineros:

Concha Espina

–Pobreza, dolor, injusticia. Al contacto suyo sentí la íntima necesidad de escribir algún día la tragedia de los mineros, el drama de los hombres, hermanos nuestros, que viven **arreojados** en lo profundo de la tierra, tristes siempre y enfermos; y para morir tan pronto. La vida es **siniestra**, enorme, una cosa de, **dantesca**, terriblemente infernal. Todo allí sugiere la idea de la **esclavitud**, de la última esclavitud de las criaturas humanas.

La creciente agitación obrera va consiguiendo algunos logros. En 1908 se había **implantado** el descanso dominical. En 1911 se creó el Ministerio

1910-1922
GLOSARIO Y NOTAS

jornada de ocho horas eight-hour working day
Patronos Employers
acuerdan agree to
fábricas factories
caciques The *DRAE* defines this as "persona que en un pueblo o comarca ejerce excesiva influencia en asuntos politícos."
implantan *here:* impose
de porvenir incierto the future [is] uncertain
movimiento migratorio migratory movement or shift
campesinos rural people, peasants; farmers
tierras plots of land
más se despueblan are the most depopulated
oleadas surges
Crecen tanto sus barrios que Its suburbs grow so much that
el metro Madrid's subway system. The 227-kilometer-long system has 12 lines and 190 stations. In 2002, 565 million rides were taken on the *metro*.
tirado pulled
máquina de vapor steam engine
atraviesa passes through
barrios neighborhoods
lujo al alcance de unos pocos luxury within the reach of only a few
capital mixto mixed capital
Hispano Suiza Founded in Barcelona in 1904 by a group that included Catalonian businessman Damián Mateu, this automobile manufacturer leaped into the public consciousness in 1907, after one of its cars crossed France from south to north in a mere 22 hours. The company's technical director was the Swiss engineer Marc Birkigt.
sacó *here:* produced
filial subsidiary
alivio relief
calan take root

Un Hispano-Suiza de 1927

1918: Maximum
eight-hour
working day
is introduced

de Trabajo, y en 1918 se impone por ley la **jornada de ocho horas. Patronos** y trabajadores **acuerdan** reunirse en unas comisiones mixtas que discuten los conflictos laborales.

Todas estas ventajas se producen principalmente en las **fábricas**, donde los

La España rural: pastores

trabajadores se organizan en torno a los sindicatos. En el medio rural, sin embargo, no ha llegado el progreso. Los **caciques implantan** su propia ley, las jornadas siguen siendo de sol a sol, la vida misma es más dura y **de porvenir incierto**. Un **movimiento migratorio**, que ya ha empezado a notarse desde finales del siglo XIX, se incrementa ahora de manera notable. Los **campesinos** abandonan sus **tierras** para buscar trabajo en las ciudades. Galicia, Andalucía y Castilla son las regiones que **más se despueblan**. Barcelona, Madrid y Bilbao, como ciudades industriales, acogen a esas **oleadas** de inmigración interior.

14 Crece sobre todo Madrid, capital de España. **Crecen tanto sus barrios que** en el otoño de 1919 aparece un nuevo transporte público: **el metro**. La novedad viene de Londres, donde lleva ya 40 años funcionando, primero **tirado** por una **máquina de vapor**, luego por energía eléctrica. El metro **atraviesa** bajo la ciudad los populosos **barrios** de Centro, Chamberí y Cuatro Caminos. El rey Alfonso XIII y su esposa inauguran esa línea 1 que ahora competirá con los viejos tranvías.

1919: Metro
opens in Madrid

El automóvil privado es todavía un **lujo al alcance de unos pocos**. Pero ya existe una potente fábrica en España con **capital mixto**: la **Hispano Suiza**. Aunque nunca **sacó** más de 500 vehículos al año, tuvo un gran prestigio. Su **filial**, especializada en motores de avión, fabricó más de 50.000, especialmente durante la Primera Guerra Mundial.

Europa saluda la llegada de 1920 con el **alivio** de haber concluido una guerra y con la sensación de que la espera un futuro siempre mejor por delante. En España **calan** también las nuevas tendencias creativas, como la

Joaquín Turina (1882–1949) composer and pianist whose distinctively Spanish work features the harmonies and rhythms of his native Seville

agravada worsened

se suceden follow one another

las arcas del Estado se vacían the state's coffers are being emptied

muestra sign

gasto expenditure

sindicalistas labor unionists

musical, representada por **Joaquín Turina**, del que estamos escuchando *Recuerdos de la antigua España*.

Sin embargo, para nuestro país el final de la Guerra traerá una caída económica, **agravada** por las continuas crisis políticas. Los gobiernos **se suceden** sin poder mejorar la situación, **las arcas del Estado se vacían** por el altísimo coste de la Guerra de Marruecos, la población considera ya las colonias no como una **muestra** del prestigio internacional, sino como un altísimo **gasto** en dinero y hombres.

Eduardo Dato, presidente del Gobierno, es asesinado el 8 de marzo de 1921 por **sindicalistas** barceloneses en respuesta a la represión policial.

1921: Prime Minister Eduardo Dato is murdered

se agitan are growing restless

estar al frente be at its head

Miguel Primo de Rivera (1870–1930) Miguel Primo de Rivera y Orbaneja, dictator from 1923 to 1930. The repressive strategies of the general's nationalistic regime did not lead to political success, although he did manage to end the war in Morocco (also called the Rif War) in 1927. Forced to resign in 1930, Primo de Rivera died shortly thereafter.

propicio opportune

me bastará it will suffice for me to

recopilar gather

orgullo pride

le haga digno de will make [Spain] worthy of

golpe militar military coup

apoyos support

apela a appeals to

restablezca la legalidad *in effect:* restore law and order

se niega refuses

De esta manera Thus

Soberano sovereign

compromiso pledge

vulnerado violated

Ley de Leyes Law of Laws, an alternative term for the constitution

actuación *here:* military action

su propio partido his own party

por su voluntad *here:* by choice

ciudadanía *here:* civil responsibility

huestes *literary:* army

se colige *in effect:* can be deduced

todo influjo all influence

1923-1930

15 Los militares **se agitan** en sus cuarteles. Y empieza a hablarse entre ellos de un gobierno de orden, una dictadura. La cuestión es ¿quién debe **estar al frente**? En 1923 llega ese hombre, el general **Miguel Primo de Rivera**:

–Señores: es momento fácil y **propicio** el actual, en que **me bastará** recoger y **recopilar** emociones y pensamientos de los pasados días, en que el pueblo español lo refrendó ya con sus aplausos, para concretar la idea de lo que queremos que sea la España futura, un pueblo respetado por su amor a la paz y al progreso, de humanitarios sentimientos, y pensando siempre con **orgullo** en un futuro que **le haga digno de** su pasado glorioso.

Alfonso XIII (centro) encarga la formación de gobierno al general Miguel Primo de Rivera (izquierda) (1923)

1923: Military coup of General Primo de Rivera

Primo de Rivera da un **golpe militar** el 13 de septiembre de 1923 para el que no cuenta con los **apoyos** suficientes. Pero cuando el Gobierno legalmente constituido **apela a** Alfonso XIII para que éste **restablezca la legalidad**, el Rey **se niega**. También él apoya la dictadura. **De esta manera**, el **Soberano** ha roto el **compromiso** con su pueblo, ha **vulnerado** la Constitución.

Lo primero que hace Primo de Rivera precisamente es suspender esa **Ley de Leyes**. Lo segundo, buscar una solución para el conflicto con Marruecos: negocia con Francia una **actuación** conjunta. Lo tercero será crear **su propio partido**, la Unión Patriótica:

–La Unión Patriótica no ha hecho política porque es **por su voluntad** esencialmente apolítica, pero ha hecho **ciudadanía** y cultura, y moral y buenas costumbres. Organizadas, encuadradas y revistadas son sus **huestes**. Bien **se colige** la influencia que en la vida nacional le corresponde. Pero **todo influjo** lleva consigo responsabilidades en que hay que evitar

exigente demanding
férrea censura de prensa harsh [*literally:* iron] press censorship
Telefónica the Spanish national telephone company, established in 1924
combustibles fuel
Campsa Compañía Arrendataria ["Contracted"] del Monopolio de Petróleos S.A., founded in 1927
Tabacalera the Spanish national tobacco company
cerillas matches
encendedores lighters. (The more common term is *mechero*.)
picaresca picaresque; here, in the sense of "guileful," "deceptive"
rebeldía [gesture of] rebellion
darse fuego light [their cigarettes]
"locos años veinte" Roaring Twenties
bailar el charlestón dancing the Charleston
se dispone a recobrar el gusto por lo intrascendente it prepares to rediscover its taste for the trivial
caprichoso whimsical
moda fashion
corsés corsets
un aire desenfadado an uninhibited air
se peinan comb their hair
gomina hair gel
afeminado effeminate
el cuidar *here:* taking pride in. Where English must often add "-ing" to turn a verb into a noun, Spanish can use the infinitive.
aspecto personal physical appearance
extranjero *here:* abroad
ola wave
concursos de belleza femenina beauty contests
ABC Founded in 1903, the traditionalist, center-right *ABC* has a circulation of around 300,000. With its tabloid format and stapled spine, it looks and feels like a throwback.
se encargará de will take charge of
ganadora winner
Pepita Samper In 1936, only seven years after Samper was crowned, the "Miss Spain" contest was discontinued; it was not held again until 1960.
investigadores [scientific] researchers

caer. Y ello requiere que nadie sea más **exigente** con nosotros que nosotros mismos.

**1927: War in
Morocco ends**

16 La dictadura de Primo de Rivera establecerá una **férrea censura de prensa**, un proteccionismo económico perjudicial para las empresas y una serie de monopolios que quedarán en manos de personajes influyentes del régimen. En esta época nacen los grandes monopolios del siglo XX en España: el servicio de teléfono, **Telefónica**; la venta de **combustibles**, **Campsa**, y la venta de tabaco, **Tabacalera**, además de la venta de **cerillas**.

El general Primo de Rivera con sus colaboradores militares

A causa de este monopolio de los fósforos queda prohibida la venta de **encendedores**. Pero el Gobierno apenas puede luchar contra la **picaresca**, y entre los fumadores es signo de pequeña **rebeldía darse fuego** con uno de los mecheros prohibidos.

Fumar es uno de los gestos habituales de estos **"locos años veinte"** que vive España. Otro es **bailar el charlestón**. Europa ha vivido las crueldades de la Primera Guerra Mundial y ahora **se dispone a recobrar el gusto por lo intrascendente**, lo divertido, lo **caprichoso**. Se sigue la **moda** de París: se acortan las faldas y se dice adiós a los **corsés**. Las mujeres de clase alta adoptan **un aire desenfadado**, se cortan el pelo y fuman en público. Los hombres **se peinan** con **gomina** y no consideran **afeminado el cuidar** su **aspecto personal**. Hay una revolución en las costumbres, influida por el cine y la música que llegan del **extranjero**.

**1929: First "Miss
Spain" is chosen**

Un ejemplo de esta nueva **ola** es el nacimiento de los **concursos de belleza femenina**. En 1928 se envía al Concurso Internacional de Galveston, en Estados Unidos, a una joven representante sevillana. En 1929 es el diario *ABC* quien **se encargará de** seleccionar, ya de manera más organizada, a las representantes de todas las provincias españolas. De ellas saldrá **ganadora** la valenciana **Pepita Samper**, la primera "Miss España".

Juan de la Cierva

17 Pero en el extranjero también triunfan los **investigadores** españoles. Y un caso muy claro es el de Juan de la Cierva, un ingeniero que desde muy joven se interesa por la navegación aérea. En 1923, prueba por primera vez

"autogiro" autogiro, a prototype of the helicopter that uses a propeller for forward motion and a rotor for lift

palas rotoras rotating blades. The more common term for *rotoras* nowadays is *rotantes.*

Canal de la Mancha English Channel. The Spanish term derives from the French "la Manche" and not from the Spanish *mancha*, which means "stain."

Desde que Ever since

atraído hacia drawn to

aeroplanos de juguete toy airplanes

planeadores gliders

proeza heroic exploit

hidroavión seaplane

logrando batir managing to break

hazaña feat

ondas [air]waves

estación radiodifusora *formal:* broadcasting, or radio, station

emisiones broadcasts

locutora radio announcer

iban naciendo *in effect:* were created. *Ir* + a gerund expresses slow or gradual action.

antenas difusoras radio antennas or aerials

aparatos de galena crystal [radio] sets. These were made with the mineral galena (lead sulfide), which is a semiconductor—so, while the sets were undependable, there was no need for batteries!

fandanguillo a popular type of fandango, played on the guitar in three-eight time

"Canción de la luna" "Moon Song," by Sam Coslow and Arthur Johnston. It was later recorded by Frank Sinatra.

fox fox-trot

1928: Aviator Juan de la Cierva flies across English Channel in "autogiro," a precursor of the helicopter

su **"autogiro"**, un aparato que se mueve gracias a sus **palas rotoras**, el precursor del helicóptero. En 1928 cruzará el **Canal de la Mancha** pilotándolo él mismo:

El "autogiro"

—**Desde que** era un niño me sentí **atraído hacia** la aviación. Comencé a hacer **aeroplanos de juguete**, después unos **planeadores**, aeroplanos sin motor de los que ahora hay muchos por el mundo. Finalmente, en 1912, junto con otros chicos de mi edad, construí el primer aeroplano español que ha volado.

1926: "Plus Ultra" breaks trans- atlantic flying record

1924: First radio broadcast

Y en 1926 otra **proeza** aeronáutica española. El **hidroavión** *Plus Ultra* atraviesa el Atlántico, **logrando batir** el récord mundial de velocidad y distancia para este tipo de aparatos. La noticia de esta **hazaña** pudo ya escucharse por la radio, otro avance técnico llegado a España en aquella década. Ésta es la primera voz que se escuchó por las **ondas**, exactamente el 14 de noviembre de 1924:

—E.A.J.-1., de emisiones Radio Barcelona. La **estación radiodifusora** E.A.J.-1., de **emisiones** Radio Barcelona.

María Sabaté, una joven **locutora**, tuvo el honor de inaugurar las emisiones de Radio Barcelona, la primera emisora de España. Rápidamente otras emisoras vinieron a unirse a ella: Radio España, Radio Madrid, Radio Bilbao. En cada ciudad **iban naciendo** nuevas **antenas difusoras** para dar servicio a los numerosos aficionados que escuchaban las ondas a través de sus enormes **aparatos de galena**. La programación de las primeras emisoras era fundamentalmente musical. Escuchemos un fragmento:

…¡Ay, ay, ay!
—Unión Radio, Madrid. Han oído ustedes "Lo que no es mío", **fandanguillo** de salón, de Martín Gamero y Cedería. Van ustedes a oír **"Canción de la luna"**, **fox** de Coslow y Johnston.

año clave decisive year

bautiza *here:* lends its name to (*literally:* baptizes, christens)

valorada admired

puntos comunes things in common

universitarios university students

a pesar de despite

reunidos en esa denominación gathered together under this name

Pedro Salinas (1891–1951) Although he wrote prose, Salinas was primarily a poet. His finest collection is *La voz a ti debida* (1933), an intense exploration of love.

Jorge Guillén (1893–1984) The work of this experimental lyric poet, as best exemplified in 1928's *Cántico*, is more accessible than that of most of his contemporaries. Guillén left Spain during the Civil War, and taught Spanish at Wellesley College in Massachusetts from 1940 to 1957; he returned to his native land after Franco's death.

Gerardo Diego (1896–1987) musicologist, anthologist, and poet whose *Alondra de verdad* (1941), a diary in 42 sonnets, is considered among his finest work. In 1979, he shared the prestigious Cervantes Prize with Jorge Luis Borges.

Rafael Alberti (1902–1999) poet whose first collection, *Marinero en tierra* (1925), is a classic of Spanish letters. Alberti's work became more political after 1930. He subsequently joined the Communist Party and fought for the Republic during the Civil War. After living in Argentina and Italy, he returned to Spain in 1977 and died in the Andalusian town of his birth. Alberti received the Cervantes Prize in 1983.

Federico García Lorca (1898–1936) widely influential poet and playwright who, in a career spanning less than 20 years, breathed new life into many Spanish literary forms. He was executed by Nationalist forces in 1936.

siguen fielmente la estela follow faithfully in the wake of

Juan Ramón Jiménez (1881–1958) prolific poet best known for the *poesía desnuda* ("naked verse"), shorn of all literary elaboration, which he produced after 1917. He spent the last 20 years of his life in Puerto Rico.

Platero y yo (1917) Often recommended as a first "authentic" reading for students of Spanish and popular in other languages, this beautifully written and deceptively simple series of prose poems features a man and his donkey observing the goings-on in their Andalusian village.

pétalo petal

se encontraba was found

lisas galerías smooth galleries

no sé adonde I don't know where

fecundos fruitful

Residencia de Estudiantes de Madrid The legendary Oxford- and Cambridge-inspired Students' Hall of Residence in Madrid opened in 1910, and quickly became one of the most important centers of Spanish cultural life.

resultó que era it turned out to be

18 1927 es un **año clave** para la cultura española. Es el año que **bautiza** a una generación de escritores respetada y **valorada** en todo el mundo. Los miembros de la Generación del 27 tienen sólo algunos **puntos comunes**: son jóvenes **universitarios** y buscan armonizar la innovación con la tradición. Pero **a pesar de** ser muy distintos han pasado a la historia de la literatura mundial **reunidos en esa denominación**.

Pedro Salinas, Jorge Guillén, Gerardo Diego, Rafael Alberti y **Federico García Lorca** son algunos de sus miembros. Y todos **siguen fielmente la estela** de **Juan Ramón Jiménez**, autor de una inmortal obra, *Platero y yo*, y Premio Nobel de Literatura años más tarde, en 1956. Ésta es su voz:

Así era aquel **pétalo** de cielo
en el que el alma **se encontraba**,
igual que en otra ella, única y libre.
Esto era. Esto es.
De aquí se iba por **lisas galerías**
de infalibles arquitecturas
de agua, tierra, fuego y aire,
como esta noche eterna,
no sé adonde,
a la segura luz de unas estrellas.

19 Son éstos unos años **fecundos** para la creación. En Madrid se funda una institución en la que alumnos y profesores conviven e intercambian sus ideas. Es la **Residencia de Estudiantes de Madrid**, a la que llega un día el poeta Jorge Guillén. ¿Y qué se encuentra? Él mismo lo cuenta:

–Pues, bueno, pues, yo tenía un a-, un amigo que me dijo "hombre, pues, hay en la Residencia de Estudiantes, hay un muchacho muy simpático andaluz, que vas a conocerle". Y **resultó que era** Federico – nosotros le llamábamos siempre Federico–, Federico García Lorca. Y, de pronto, apareció allí un muchacho que era más bien pintor y que luego resultó poeta, como era Alberti.

Federico García Lorca

conocen la luz see the light [of day]
ante los que se someten a juicio before whom they present themselves for judgment
más temprana earliest
para nada at all
cuadros paintings
exposición exhibition
Retiro 120-hectare (300-acre) park in central Madrid; *retiro* = retreat
con una mayor expresión se me quedaban muchas cosas que decir *in effect:* with a more
   expressive art form, I would still have many things to say
le faltaba la palabra what was missing was the word
Luis Buñuel (1900–1983) The films made by this great director, a stylistically inimitable maverick,
   deal with with social injustice, the hypocrisies of religion, human cruelty, and eroticism.
Salvador Dalí (1904–1989) Technically gifted and imaginatively unique, Dalí achieved
   international iconic status with his witty psychologically based art. He was one of the leaders
   of the surrealist movement.
ganarse la vida earn a living
espantado horrified

Federico García Lorca y Rafael Alberti escriben. Y sus poesías **conocen la luz** por primera vez precisamente frente sus compañeros, **ante los que se someten a juicio.** Alberti duda entre la pintura, su **más temprana** vocación, y la literatura:

–Yo re-, realmente, lo que venía era para ser pintor. No venía para ser escritor **para nada.** Yo no sabía escribir ni, ni, ni una carta en absoluto, ¿verdad? Hombre, al principio fui un pintor de tipo impresionista. Rápidamente fui de

Salvador Dalí

una vanguardia muy extrema, muy extrema, hasta el año 19. Yo tengo **cuadros** de esa época y qué es que, indudablemente, no se parecen a lo que hacía la gente entonces en España en ese momento. Y llegué a hacer una **exposición**, en el **Retiro**, y luego una exposición en el Ateneo de Madrid.

Luis Buñuel (1972)

Hasta que f-, fui notando que, que realmente la pintura no me satisfacía del todo, que se iba, eh, **con una mayor expresión se me quedaban muchas cosas que decir.** Y es verdad. Indudablemente era que **le faltaba la palabra**, le faltaba, en fin, le faltaba el lirismo, le faltaba la poesía. Y empecé a escribir.

Luis Buñuel prepara sus geniales guiones cinematográficos. El pintor **Salvador Dalí** tiene que enfrentarse a su padre, que no considera la pintura como un medio para **ganarse la vida**:

–No, mi padre, eh, no, no creyó mucho al principio, después sí, pero sobre todo estaba **espantado** de, eh,

1923–1930
GLOSARIO Y NOTAS

alemán German man

Figueras Catalonian town where Dalí was born and died

bodegón still life

conferencias lectures

acuden come

Jacinto Benavente (1866–1954) One of 20th-century Spain's foremost dramatists, Benavente y Martínez won a Nobel Prize for literature in 1922 for his understated satire. His output—he wrote more than 150 plays—led to comparisons with the prominent golden-age writer Lope de Vega.

Los intereses creados (1907) Translated as *The Bonds of Interest* (Ungar, 1967), Benavente's most famous play is based on the conventions of commedia dell'arte and criticizes bourgeois values.

el tinglado de la antigua farsa the basic plot mechanism

alivió en posadas aldeanas el cansancio de los trajinantes relieved in village inns the weariness of carters, teamsters

embobó held spellbound

Puente Nuevo Pont-Neuf

Tabarin 17th-century Parisian street clown whose clever satire is thought to have influenced the young Molière

tablado de feria fairground stage

transeúnte passerby

espetado proud

docta cabalgadura erudite mount (horse)

desarrugar smooth

frente *here:* forehead

donaire *here:* moment of wit

pícaro hampón crafty villain

socios cronies

engañando al hambre *in effect:* keeping their minds off their empty stomachs

prelado prelate

carrozas carriages

moza alegre cheerful young girl

mercader merchant

etapa de esplendor time of glory

Pablo Picasso (1881–1973) Possibly the most dominant and influential figure in 20th-century European art, Picasso is perhaps best known as the principal exponent (with Georges Braque) of cubism, which offered a whole new way of seeing the world. Unlike most of his contemporaries, Picasso was able to keep breaking artistic ground up until the end of a painting career that spanned 80 years.

los terribles di-, las terribles dificultades de una carrera artística en España. La primera vez que quedó un poco impresionado es la vez que un **alemán** que pasaba por **Figueras** compró un **bodegón** en el cual había tres limones pintados, y se vendió a 500 pesetas. Entonces hi-, hi-, hizo el cálculo de lo que costaba un limón y lo que costaba un limón pintado por Dalí y eso empezó a entusiasmarle.

20 Es en esa Residencia donde se pronuncian las **conferencias** más interesantes, a las que **acuden** escritores, científicos, políticos, para hablar en libertad. Como el gran autor teatral **Jacinto Benavente**, que leyó así, en público, el prólogo de su obra más famosa, *Los intereses creados*:

–He aquí **el tinglado de la antigua farsa**, la que **alivió en posadas aldeanas el cansancio de los trajinantes**, la que **embobó** en las plazas de humildes lugares a los simples villanos, la que juntó en ciudades populosas a los más variados concursos, como en París sobre el **Puente Nuevo**, cuando **Tabarin** desde su **tablado de feria** solicitaba la atención de todo

transeúnte, desde el **espetado** doctor que detiene un momento su **docta cabalgadura** para **desarrugar** por un instante la **frente** siempre cargada de graves pensamientos al escuchar algún **donaire** de la alegre farsa, hasta el **pícaro hampón** que allí detiene sus **socios** horas y horas, **engañando al hambre** con la risa. Y el **prelado** y la dama de calidad y el gran señor desde sus **carrozas**, como la **moza alegre** y el soldado, y el **mercader** y el estudiante.

21 Si la literatura vive una **etapa de esplendor**, en París triunfan dos pintores españoles: **Pablo Picasso** y

Pablo Picasso de joven

Juan Gris (real name José Victoriano González, 1887–1927) Madrid-born painter, closely involved with Picasso, and innovator of rigidly geometrical still lifes in the genre of synthetic cubism

temas costumbristas y folklóricos themes relating to local customs and folklore

Échale guindas al pavo Throw cherries to the turkey. The performer is Imperio Argentina (1906–2003), a singer and actress born Magdalena Nile del Río in Buenos Aires.

papel role

hogar home

surgir emerge

luchadora por sus libertades a fighter for her rights

universitaria female university student

título superior higher degree

mujeres concejales (town) councilwomen

Ayuntamiento de Sevilla Seville City Council

le falta un derecho esencial lacks one basic right

No lo conseguirá She will not achieve it

cada vez más preocupante more and more worrying

Dámaso Berenguer (1873–1953) Cuban-born army general. He was briefly prime minister before the establishment of the Second Republic, during which he was imprisoned.

rodeado surrounded

fracasado failed

enorme impopularidad great unpopularity

Juan Gris. Y el cine también es ya un arte de consumo popular. Las primeras películas realizadas en nuestro país buscan los **temas costumbristas y folklóricos**. Como ésta:

Échale guindas al pavo,
échale guindas al pavo,
que yo le echaré a la pava…

El cine muestra a la mujer en su **papel** más clásico: el **hogar**, los hijos, la obediencia al marido. Pero en la sociedad comienza a **surgir** la nueva mujer, interesada por la cultura y **luchadora por sus libertades**.

Si en 1900 existía una sola **universitaria** en España, en 1930 ya son 1.681 las que obtienen un **título superior**. En 1928 son elegidas las primeras **mujeres concejales** en el **Ayuntamiento de Sevilla**. En 1930 la industria textil catalana tiene más mujeres que hombres entre sus trabajadores. Pero a la mujer española **le falta un derecho esencial**: el del voto. **No lo conseguirá** hasta 1931.

La situación política en la España de 1930 es **cada vez más preocupante**. El general Primo de Rivera ha abandonado la Presidencia del Gobierno y en su lugar está otro general, **Dámaso Berenguer**, **rodeado** de ministros conservadores. La dictadura ha **fracasado**. Y, no lo olvidemos, ha sido apoyada por el propio rey Alfonso XIII, que empezó siendo un monarca querido por su pueblo y pasa ahora por una etapa de **enorme impopularidad**.

1930: Miguel Primo de Rivera resigns, replaced by Berenguer

Juan Gris

auténtica real, genuine

tendencias political leanings

pacto de acción contra la Corona The pact of San Sebastián, signed on August 17, 1930, was a cross-party agreement to collaborate in a political campaign that would lead to the proclamation of a republic.

eligen a elect

alcaldes mayors

instauración establishment

osados bold

lid fight, combat

acordes *here:* strains, chords

"Himno de Riego" so called after the popular antimonarchist army officer Rafael de Riego (1784–1823)

determinantes *here:* conclusive

se concentran gather together

jóvenes young men

transición a la democracia The transition from dictatorship to democracy is one of the major triumphs in Spanish political history. It is examined in detail on CD 3.

hervidero a seething mass

manifestantes demonstrators

tranvías trams

bienestar *here:* a better standard of living (*literally:* well-being)

los que estaban abajo *in effect:* the working classes

1931-1936

22 En el país se produce una **auténtica** explosión de republicanismo. En San Sebastián se reúnen partidos de diversas **tendencias** y firman un **pacto de acción contra la Corona**. Y en este contexto se celebran, el 14 de abril de 1931, las elecciones municipales. Los españoles **eligen a** sus **alcaldes**. Sus votos dan el triunfo a los partidos que apoyan la **instauración** de una República en España.

> Serenos, alegres,
> valientes, **osados**,
> cantemos, soldados,
> un himno a la **lid**…

A los **acordes** del **"Himno de Riego"**, los madrileños ocupan rápidamente las calles de la capital de España. Los resultados de las elecciones no pueden ser más **determinantes**: se impone un profundo cambio político. En algunas localidades se proclama la República desde los balcones de los Ayuntamientos. En Madrid miles de personas **se concentran** en su plaza más céntrica, la Puerta del Sol.

Uno de los **jóvenes** que acude allí es Santiago Carrillo, que llegaría a ser años más tarde secretario general del Partido Comunista de España, y uno de los más importantes personajes de la **transición a la democracia**. Ese 14 de abril de 1931 Santiago tiene 16 años, y recuerda así tan histórico momento:

Santiago Carrillo

–Yo me marché del Ayuntamiento a la Puerta del Sol, que fue un **hervidero**, aquel día, de, de gente, de **manifestantes**. Eh, la gente se subía al techo de los tranvías, eh, de los autobuses. La gente pensaba que la vida iba a cambiar, eh, que iba a haber libertad, que iba a haber **bienestar**. Eh, era, era un poco un pensamiento más bien utópico en, en **los que estaban abajo**.

se entrevista con meets with
derrotada por las urnas defeated at the ballot box
pisar set foot on
suelo español Spanish soil
se ha acostado has gone to bed
crack **de la Bolsa en 1929** 1929 stock-market crash
salpicado affected (*literally:* splashed)
desempleo unemployment
campo country
ejército army
reclama demands
acabar con *here:* put an end to
lavar la cara a give a face-lift to
bandera flag
los Reyes Católicos the Catholic Monarchs, Ferdinand II of Aragon and Isabella I of Castile.
    Their marriage, in 1469, led to the unification of Spain. The *Católico* designation was granted
    them by papal bull in 1494.
morada purple
"Marcha Real" "Royal March"
Por encima de todo *here:* Most important
elaboración *here:* drawing up
Constitución The 1931 constitution was the written expression of the principles of the Second
    Republic, which was the first attempt in Spanish history to create a true democracy. To this end,
    the constitution deals in detail with social issues (establishing secular education, restricting the
    rights of the clergy) and with expanding the rights of citizens, particularly women. Practically
    everything it established was later revoked by the Franco regime.
contemple takes into account
redacción drafting, writing; wording
chocan frontalmente collide head-on
muy contestada much-disputed
diputadas female members of parliament
Federica Montseny (1905–1994) anarchist, politician, member of the CNT (see above), and in
    1936 the first woman to hold a ministerial position in Spain. Montseny went into exile in France
    at the end of the Civil War, returning to Spain only in 1977.
llegaría a ser *in effect:* would one day be

1931: Alfonso XIII
goes into exile

23 El Rey **se entrevista con** sus hombres más fieles. Todo está perdido. La Monarquía ha sido **derrotada por las urnas**. A las nueve y cuarto de esa misma noche Alfonso XIII y su familia parten en coche hacia Cartagena y de allí, en barco, al exilio. El Rey no volvería a **pisar** jamás **suelo español** y moriría en Roma en 1941. España **se ha acostado** monárquica y ha despertado republicana. ¿Qué etapa comienza ahora para esta nación en crisis?

En primer lugar, preocupa la economía. La situación internacional, a consecuencia del *crack* **de la Bolsa en 1929**, también ha **salpicado** a España. Hay **desempleo**, el **campo** necesita una reforma profunda, el **ejército** debe ser modernizado. En segundo lugar, la sociedad **reclama** más justicia, más igualdad entre hombres y mujeres, **acabar con** el enorme poder de la Iglesia Católica, modernizar ideas, educar a la población.

Lo primero es **lavar la cara a** la nación: los símbolos son muy importantes en ese momento. Para empezar se cambia la **bandera**: de la roja, amarilla y roja, tradicionales colores de la Monarquía española desde **los Reyes Católicos**, se pasa a la roja, amarilla y **morada**, la bandera tricolor, símbolo de la liberación. La **"Marcha Real"** será sustituida por este nuevo Himno Nacional, el llamado "Himno de Riego":

> Serenos, alegres,
> valientes, osados,
> cantemos, soldados,
> un himno a la lid.

Federica Montseny

Por encima de todo se impone la **elaboración** de una **Constitución** que **contemple** la nueva realidad del país. La **redacción** de sus artículos provocará más de un escándalo, especialmente en derechos que **chocan frontalmente** contra la Iglesia Católica. Por ejemplo, se aprobará una Ley de Divorcio, **muy contestada** por los sectores católicos.

1931: New
Constitution
approved

24 Una de las **diputadas** presentes en el Parlamento es **Federica Montseny**, que **llegaría a ser** la primera española en ocupar un cargo de Ministra. Y es la propia Federica quien hace este análisis de la Constitución de 1931:

arrinconada *in effect:* compromised (*literally:* cornered)

leyes laws

discutida controversial

la diputada Clara Campoamor (1888–1972) lawyer and elected member of the Radical Party who fought for the right of women to vote. She went into exile in France in 1936.

licenciadas en Derecho women with law degrees

Margarita Nelken (1896–1968) The most important work of this socialist intellectual and politician, the daughter of German Jews, is *La condición social de la mujer en España* (1919). In 1939 she left for Mexico, never to return.

Victoria Kent (1898–1987) The first woman both to enter the Colegio de Abogados [Law Association] de Madrid and, in 1930, to argue a case in the higher courts, Kent was influential in the fields of prison reform and women's rights. She left Spain after the Civil War and was based in New York for the final years of her life.

opuestas a conceder el sufragio a opposed to giving the vote to

tribuna de oradores speakers' gallery

"la mujer española es retrógrada, reaccionaria e inculta. El voto de la mujer española será el voto de su confesor" "the Spanish woman is retrograde, reactionary, and uneducated. A vote by a Spanish woman is a vote by her confessor." Since women were seen as under the sway of the church, and since the Catholic vote was a right-wing vote, many Socialists were opposed to women's suffrage.

puñalada trapera stab in the back

costumbres customs

espectáculos *here:* entertainment

anuncios advertisements

seis chicas con los pechos en libertad *literally:* six girls with their breasts free

apertura moral moral opening up, liberalization

"¿a dónde vamos a llegar?" "Where will it all end?"

CEDA the right-wing Confederación Española de Derechas Autónomas, the most powerful political bloc after the November 1933 elections

José María Gil Robles (1898–1980) A lawyer by profession, he was a politician during the Second Republic and, as a monarchist, was forced into exile in 1936. He enjoyed a brief political resurgence in the 1970s.

Falange Española Established in 1933 and modeled on Italian Fascism under the slogan "Una, Grande, Libre," the nationalist, anti-Marxist, anticlerical Falange merged with another right-wing group, the Juntas de Ofensiva Nacional-Sindicalista (JONS), one year later. In 1937, Franco, having decided that the Falange offered his own politics a ready-made ideological framework, fused the organization with the Carlists to create his Movimiento Nacional.

José Antonio Primo de Rivera (1903–1936) The founder of the Falange was summarily executed by the Republicans in 1936, whereupon he became a martyr for the Fascist cause.

–La Constitución fue buena. Hubo bastantes cosas buenas en esa Constitución. Pero el defecto fundamental de esa Constitución, como de todas las constituciones, es que hubo la Constitución, pero luego buena parte de esa Constitución fue **arrinconada** por la serie de **leyes** que se votaron luego que, de hecho, anulaban muchos de los artículos de esa misma Constitución.

Pero la innovación más **discutida** será la concesión del voto para la mujer. La defensora de este derecho es **la diputada Clara Campoamor**, miembro del Partido Radical, una de las primeras **licenciadas en Derecho** de España. Frente a ella, sin embargo, las otras dos únicas mujeres parlamentarias en ese momento, **Margarita Nelken** y **Victoria Kent**, ambas socialistas, ambas **opuestas a conceder el sufragio a** las mujeres.

1931: Women get vote

Victoria Kent dirá ese día desde la **tribuna de oradores: "la mujer española es retrógrada, reaccionaria e inculta. El voto de la mujer española será el voto de su confesor".** Tres días dura el intenso debate. Finalmente, las mujeres obtendrán su derecho al voto gracias al apoyo de los partidos católicos, lo que hará exclamar al socialista Indalecio Prieto: "Ha sido una **puñalada trapera** a la República".

25 La República ha traído más libertad, también en las actitudes públicas, la moda, las **costumbres**, los **espectáculos**. El 31 de mayo de 1932, en un teatro barcelonés, el Romea, se pueden leer los **anuncios** de su espectáculo: "Sobre el escenario, **seis chicas con los pechos en libertad**". La **apertura moral** ha acabado con la censura, lo que provoca numerosas protestas entre los sectores más conservadores, que se preguntan: **"¿a dónde vamos a llegar?"**

José Antonio Primo de Rivera

1933: Right wins general election

Ante esta cuestión, la derecha se organiza. De los partidos católicos sale la Confederación Española de Derechas Autónomas, la **CEDA**, liderada por **José María Gil Robles**. De sectores estudiantiles y militares sale **Falange Española** en 1933. Su principal inspirador es un joven universitario, hijo del dictador Primo de Rivera, **José Antonio Primo de Rivera**:

1931-1936
GLOSARIO Y NOTAS

venido a menos fallen on hard times
engendrada engendered
lucha de clases class war
empresa colectiva collective undertaking
ideario ideology
Ensalza It extols
signos externos outward signs
brazo en alto arm raised
gestos *here:* signs; expressions
Mambrú According to some, this popular ditty was originally a French song that celebrated the supposed death of John Churchill, duke of Marlborough, after France suffered several historic defeats at his hands. *Mambrú*, the theory goes, is how Spanish speakers pronounce "Marlborough."
preocupaciones concerns
fomentar to promote
escudo shield
analfabetismo illiteracy
escolarizar [any] formal education
maestros teachers
no basta is not enough
repartidos por todo el país spread throughout the whole country
cobra gran importancia becomes very important
Institución Libre de Enseñanza Institute for Independent Teaching, founded in 1876 by Francisco Giner de los Ríos (see below) on the principles that education should be free of religious, ideological, or political encumbrances and that teachers should have complete academic freedom. Owing to these convictions, the institute's founders were removed from their other academic posts.
impera prevails

–España ha **venido a menos** por una triple división: por la división **engendrada** por los separatismos locales, por la división engendrada entre los partidos y por la división engendrada por la **lucha de clases**. Cuando España encuentre una **empresa colectiva** que supere todas esas diferencias, España volverá a ser grande como en sus mejores tiempos.

Falange basa su **ideario** en tres puntos esenciales: antiliberalismo, antimarxismo y nacionalismo. **Ensalza** el valor de la milicia y la violencia. Además, da gran importancia a los **signos externos** que recuerdan al fascismo italiano. El saludo **brazo en alto** se copia directamente del partido de Mussolini. Los uniformes, los saludos, el gusto por la vida ascética son otros **gestos** falangistas.

El saludo falangista

26 **Mambrú** se fue a la guerra.
   Qué dolor, qué dolor, qué pena.Mambrú se fue a la guerra.
   No sé cuándo vendrá.
   Do, re, mi, do, re, fa.
   No sé cuándo vendrá.

Una de las principales **preocupaciones** del Gobierno republicano es **fomentar** la educación, a la que considera un **escudo** contra la reacción. Aunque el **analfabetismo** ha disminuido mucho desde principios de siglo, en 1931 un 40% de la población es analfabeta y casi la mitad de los niños están sin **escolarizar**.

La República construye nuevas escuelas y aumenta el sueldo a los **maestros**, pero la enseñanza pública **no basta** para dar educación a las nuevas generaciones. Por eso siguen siendo las diferentes órdenes religiosas las que cubren esa necesidad con sus colegios **repartidos por todo el país**. La Iglesia Católica se reserva de este modo la capacidad de influir con sus ideas en las nuevas generaciones.

En este primer tercio de siglo **cobra gran importancia** una institución privada, la **Institución Libre de Enseñanza**. Ha nacido como respuesta de algunos profesores a la educación autoritaria y clasista que **impera**

Giner de los Ríos (1839–1915) philosopher, critic, and educator, the most important Spanish exponent of the liberal philosophical and educational movement of *krausismo*, which emphasizes individual self-development

Gumersindo de Azcárate (1840–1917) lawyer and Republican politician

Nicolás Salmerón (1838–1908) president of the First Republic in 1873

libertad de cátedra academic freedom

se sobrepone *here:* has the upper hand over

consejo advice

Manuel Bartolomé Cossio (1857–1935) educator and university teacher who took over from Francisco Giner de los Ríos as head of the ILE

hoy de tanta actualidad como cuando lo pronunció as relevant now as it was then

Que no estriba en Let it not be based on or lie in

muerto bloque de piedra dead block of stone

saber knowledge

estímulos stimuli

pende depends

medios de comunicación media

una enorme oferta a very wide range [of newspapers] on offer

la familia Luca de Tena Torcuato Luca de Tena founded the *ABC* newspaper; his grandson was editor for periods in the 1950s and '60s.

entretenimiento entertainment

por excelencia par excellence

Entronizada Ensconced, Entrenched

hogar home

a partir de ahora from now on

Desde el 15 del corriente From the 15th of this month

expendeduría cigar store, tobacconist's

labor *here:* kind

"Bisonte" "Bison"

una peseta 50 céntimos This converts to slightly less than one cent per pack. Spanish cigarettes have remained relatively cheap ever since.

la vida cotidiana daily life

cae en picado nose-dives

paro unemployment

sombrío grim

movilización activity

entonces. Estos profesores, **Giner de los Ríos**, **Gumersindo de Azcárate**, **Nicolás Salmerón**, han sido expulsados de la Universidad por defender la **libertad de cátedra**.

En la Institución Libre de Enseñanza **se sobrepone** la libertad a la autoridad, se quiere igualar en oportunidades a los niños y niñas, se da importancia a la intuición, a la educación física y al gusto por el trabajo bien hecho. El **consejo** que da a los maestros **Manuel Bartolomé Cossío**, uno de sus fundadores, nos parece **hoy de tanta actualidad como cuando lo pronunció**, en esta conferencia de 1931:

–**Que no estriba en** la cantidad, sino en la calidad, toda la eficacia de la obra educadora. Y que no es un **muerto bloque de piedra** lo que se nos entrega, sino un ser vivo, activo, cuyos primeros momentos de desarrollo son los más difíciles, los que exigen más tacto, más delicadeza, más prudencia, más **saber**. Sí. Saber, no de gramática, ni de aritmética, sino pedagógico, porque de los **estímulos** que el niño recibe del ambiente que entonces respira **pende** su porvenir y el de su pueblo.

27 Los **medios de comunicación** también han crecido a lo largo de este primer tercio del siglo XX. Existe **una enorme oferta** de diarios de todas las tendencias, con gran tradición. Uno de ellos, el *ABC*, continúa en la actualidad la saga de sus fundadores, **la familia Luca de Tena**. La radio es ya el **entretenimiento** familiar **por excelencia**. **Entronizada** en cada **hogar**, ofrece música, consejos, entrevistas, información y algo que tendrá gran importancia **a partir de ahora**, la publicidad:

–**Desde el 15 del corriente**, la Compañía Arrendataria de Tabacos venderá de su **expendeduría** central, carrera de San Jerónimo 19, una nueva **labor** de cigarrillos de tipo americano denominados **"Bisonte"**, confeccionados por la misma y que se expenderán al precio de **una peseta 50 céntimos** el paquete de 20 cigarrillos.

Y aunque en **la vida cotidiana** de los españoles se introducen nuevos objetos de consumo, la economía **cae en picado**. El **paro** aumenta, las huelgas se suceden. Ante el **sombrío** panorama, muchos electores vuelven a dar su confianza a la derecha. En las elecciones de noviembre de 1933 se produce una gran **movilización** de los partidos conservadores. Y se destaca

Memorias "Memoirs"

Niceto Alcalá Zamora (1877–1949) statesman, prime minister, and president of the Second Republic. Alcalá Zamora's attempts to moderate the policies of the various Republican factions led to attacks from all sides and ultimately to his deposition and exile in France and Argentina.

heterogéneo conglomerado heterogeneous combination [of people]

sin más vínculo que whose sole connection was

dotes de caudillaje talent for leadership

clérigos transigentes y previsores tolerant and farsighted clergymen

abolengo ancestry, lineage

asustadizos nervous

segunda o tercera fila second- or third-rank

bullía there seethed

hueste host, multitude

eslogan This example of borrowing from English is recognized by the *DRAE*.

pronosticó forecast

se decanta hacia el conservadurismo opts for conservatism

sacerdotes priests

las de clausura the cloistered ones

recrudecen intensify, get worse

En el pozo María Luisa This mournful workers' protest song deals with the death of four miners in the infamous María Luisa mine shaft (*pozo*) in Ciaño in Asturias.

se apoderan take control of

cuencas mineras de Asturias coalfields of Asturias

ejército obrero workers' army

presidente Alejandro Lerroux (1864–1949) leader of the Spanish Radical Party who headed four governments during the Second Republic

la CEDA, de la que diría en sus *Memorias* el presidente **Niceto Alcalá Zamora**:

–Fue el más **heterogéneo conglomerado, sin más vínculo que** la unión personal en Gil Robles, cuyas **dotes de caudillaje** se mostraron en eso mucho más que las de gobernante. Había en la CEDA una buena parte de democracia cristiana, con gentes modestas y devotas, algunos **clérigos transigentes y previsores**, y núcleos de **abolengo** paradójicamente tradicionalista. Hubo también otra parte, o ala derecha, de origen y de simpatías

Niceto Alcalá Zamora

hacia el régimen monárquico, formada por propietarios **asustadizos** y aristócratas de **segunda o tercera fila**. En el centro **bullía** con agitación violenta una **hueste** de impulsos, métodos y fórmulas fascistas.

28 La CEDA utiliza este **eslogan**: "el socialismo destruye nuestra economía". A las urnas acuden por primera vez las mujeres con su derecho al voto recién adquirido. Y como **pronosticó** la diputada socialista Victoria Kent, "el voto de la mujer católica es el de su confesor". El voto femenino **se decanta hacia el conservadurismo**. Por su parte, la Iglesia se moviliza en masa y **sacerdotes** y monjas, incluso **las de clausura**, acuden a las urnas para combatir a las izquierdas. Vuelven, pues, las derechas al Gobierno y se **recrudecen** las protestas obreras.

1934: Miners' strike in Asturias

Las mujeres votan por primera vez

En el pozo María Luisa.
La, lará, la, lá.
La, la, la.

En octubre de 1934 70.000 mineros **se apoderan** de las **cuencas mineras de Asturias** con la intención de confiscar las fábricas, crear un **ejército obrero** e iniciar así una revolución frente al nuevo Gobierno. El **presidente Alejandro Lerroux** declara el estado de guerra en toda España y envía tropas a Asturias para

reprimir suppress
la Legión the Spanish Foreign Legion
revuelta uprising
Francisco Franco This key figure in 20th-century Spanish history is discussed at greater length
  on CD 2.
se desencadena is unleashed
detenidas arrested
cada vez más acusada ever more acute
florecimiento growth
inoperancia ineffectiveness
Frente Popular The Popular Front triumphed in the February 1936 elections under the leadership
  of Manuel Azaña.
el pueblo español the Spanish people
no se acatarán los resultados de las urnas the results of the election will be disregarded
Herriot (1872–1957) Edouard Herriot was French prime minister when he met Azaña in 1932
acogida welcome
de aquí en adelante from now on
máximo líder leader
sublevación uprising
dio paso paved the way for
mítines political meetings, rallies
con saña viciously
vencedores victors
El odio hacia el contrario nos priva Hatred of their opponent prevents us
documental documentary

reprimir a los rebeldes. Fuerzas de **la Legión** y de sus soldados procedentes de África, viajan hasta el norte de España para sofocar la **revuelta**. Desde Madrid, un joven general, **Francisco Franco**, vuelve a coordinar las operaciones.

Una durísima represión **se desencadena** contra los rebeldes. Más de 30.000 personas son **detenidas**, de obreros a dirigentes políticos. La comuna revolucionaria de Asturias ha fracasado, pero el Gobierno ha sido incapaz de solucionar los conflictos sociales.

29 Y en medio de una crisis económica **cada vez más acusada**, con el **florecimiento** de grupos fascistas y la **inoperancia** de la derecha en el poder, los partidos obreros, liberales y de izquierdas deciden unirse y crear el **Frente Popular**, que se presentará a las elecciones de febrero de 1936. Y **el pueblo español**, de nuevo, cambia su voto y da la victoria al Frente Popular. Inmediatamente, desde sectores del ejército y de la extrema derecha se anuncia que **no se acatarán los resultados de las urnas**. Como Presidente es elegido este hombre, Manuel Azaña:

–…Habiendo encontrado el señor **Herriot**, en su doble representación personal y oficial, por parte del Gobierno francés y del pueblo español, la más cordial **acogida** y los sentimientos fraternales y pacíficos que han de unir **de aquí en adelante** a la República Española y a la República Francesa.

–¡Muy bien!

Manuel Azaña (centro) y los generales Franco y Mola

La voz que ustedes están escuchando es la única que queda de Azaña, el **máximo líder** del Frente Popular, el último presidente de la República Española antes de la **sublevación** militar que **dio paso** a la Guerra Civil. Todos sus **mítines** y discursos, grabados en discos de gramófono entre 1935 y 1936 fueron destruidos **con saña** por los **vencedores** de la Guerra.

El odio hacia el contrario nos priva hoy de poder ofrecer algún fragmento más largo de su voz. Éste quedó grabado en un viejo **documental** francés y fue

Sidebar: 1936: Left wins general election; Manuel Azaña is elected president

1931–1936
GLOSARIO Y NOTAS

Azaña fue borrado de la historia Azaña's voice may have been erased from history, but his writings are still available, for example in his *Diarios completos* (Crítica).

una localidad que se llamaba así cambió su nombre a place called this [Azaña] changed its name. The town, in the province of Toledo, is now called Numancia de la Sagra.

lo que llegó a suponer la Guerra Civil what the Civil War came to mean

dolorosamente painfully

descanso break

recorrido por journey through

abarca covers

pormenores details

avatares vicissitudes

levantamiento uprising

A partir de *here:* Starting from

profundizaremos en we will study/explore in depth

aislacionismo isolationism

España se decía "diferente" Spain called itself "different." The now-famous, ambiguous phrase "España es diferente" was coined in official advertisements by the Ministry of Information and Tourism, then under Manuel Fraga, in the 1960s.

Festival de Eurovisión Eurovision Song Contest

exiliados políticos political exiles

otros no tuvieron más remedio que emigrar others had no choice but to emigrate

tratado dealt with

descubierto hace sólo unos años. **Azaña fue borrado de la historia**, e incluso **una localidad que se llamaba así cambió su nombre**. Es sólo una anécdota, pero refleja **lo que llegó a suponer la Guerra Civil**, que cinco meses después dividiría **dolorosamente** a los españoles durante más de 40 años.

El general Franco

FINAL DE LA PRIMERA PARTE

30 Ángeles Afuera y Miguel Ángel Nieto han presentado la primera parte de *Voces de España*. Aquí llegamos al primer **descanso** en nuestro **recorrido por** la historia del siglo XX español, pero aún queda mucho que relatar. El Volumen II de *Voces de España* **abarca** los años 1936 a 1975. En esta segunda entrega se analizan los **pormenores** de la tragedia de la Guerra Civil española y los **avatares** de los largos años de represión que la siguieron. Se relata cómo el propio Franco dudaba en un principio si formar o no parte del **levantamiento** contra la República, cómo murió en circunstancias inesperadas el verdadero líder de los rebeldes militares y cómo fue brutalmente asesinado el poeta más famoso del siglo XX español: Federico García Lorca. **A partir de** la victoria de los rebeldes en 1939, **profundizaremos en** los casi 40 años que duró el régimen franquista, periodo marcado por el **aislacionismo**, cuando **España se decía "diferente"** y sólo destacaba a nivel internacional en el fútbol continental o en el **Festival de Eurovisión**. Fueron años en los que muchos españoles se vieron forzados a salir del país como **exiliados políticos**, y en los que **otros no tuvieron más remedio que emigrar** para encontrar trabajo en el extranjero. Al mismo tiempo, comenzaban a llegar los primeros turistas para disfrutar de las playas españolas. Todo esto y más será **tratado** en el Volumen II de *Voces de España*, la historia del siglo XX español contada por sus protagonistas.

entrega installment
adentrándonos en going into
pormenores details
contiendas fratricidas más cruentas bloodiest fratricidal conflicts
nos ocuparemos de we'll deal with, take up, address
franquista Francoist
aislamiento isolation
exiliados exiles. Between January 10 and February 10, 1939, 470,000 Spaniards entered France,
    15,000 departed for North Africa, and 6,000 left for Russia; between 1939 and 1948, some
    22,000 settled in Mexico.
no tuvieron más remedio que emigrar they had no choice but to emigrate

CD2
INTRODUCCIÓN A LA SEGUNDA PARTE

1 Aquí empieza la segunda parte de *Voces de España*, la historia del siglo XX español contada en las voces de sus protagonistas. Hola. Soy Iñaki Gabilondo.

En esta **entrega** nos vamos a ocupar de la Guerra Civil española, **adentrándonos en** las razones y los **pormenores** de una de las tragedias más grandes de la historia de España y una de las **contiendas fratricidas más cruentas** de la época moderna. En este volumen también **nos ocuparemos de** la dictadura **franquista**, de ese largo periodo de **aislamiento** cuando España se decía "diferente". Durante esta época de represión, de falta de libertades políticas, muchos españoles fueron obligados a abandonar su país como **exiliados**, mientras que otros **no tuvieron más remedio que emigrar** para encontrar trabajo en el extranjero. Aquí, pues, comienza la segunda parte de *Voces de España*, narrada por Ángeles Afuera y Miguel Ángel Nieto.

Miliciana y campesino durante la Guerra Civil (1938)

1936-1939
GLOSARIO Y NOTAS

integraba made up
terremoto earthquake
la España de derechas right-wing Spain
brotaron sprang up
propiciaran would give rise to
El general Emilio Mola (1887–1937) The son of an officer, Mola joined the army when he
  was 20 and became a general in 1927. He was court-martialed in 1932 but returned to his
  Moroccan command after the 1934 amnesty, only to lose his position again a year later. The
  main organizer of the 1936 military uprising against the Frente Popular and Franco's main rival
  within the Nationalist camp, Mola was killed—some say under suspicious circumstances—in
  an airplane crash.
tejiendo la trama *here:* organizing the conspiracy
habría de ser was to become
alzamiento uprising
el general José Sanjurjo (1872–1936) Having been named leader in exile of the uprising against
  the Frente Popular in July 1936, he was killed in an airplane crash while flying to Spain to join
  the rebellion.
desterrado exiled
sublevación uprising
logra poner de acuerdo a manages to bring into accord
carlistas "Carlismo" was a political movement of traditionalist, stridently antiliberal character
  that originated in the 1820s. In the 1830s it championed Don Carlos María Isidro de Borbón,
  who claimed the right of succession over Isabella II, the infant daughter of his older brother,
  King Ferdinand VII.
CEDA the Spanish Confederation of Autonomous Rights, a coalition of right-wing Catholic
  groups, founded in 1933, that defended the traditional values of religion, nationalism, law and
  order, and property rights
la menor razón de existir the slightest reason for existing
al cabo de los años *in effect:* after some years had passed
por desgracia unfortunately
tanteados *here:* under consideration
vacilaciones hesitation, *but here*: doubt
Francisco Franco (Francisco Paulino Hermenegildo Teódulo Franco Bahamonde, 1892–1975)
  the dominant figure in 20th-century Spanish politics, whose legacy the country will continue to
  debate for years to come. General Franco ruled Spain for 36 years, employing a combination of
  dogged persistence, extreme cruelty, and a series of personal obsessions. He is brilliantly drawn
  in Paul Preston's indispensable *Franco: A Biography* (HarperCollins, 1995).
no terminaba de dar un "sí" *in effect:* was hesitant about saying yes

1936-1939

2 La victoria en las elecciones de febrero de 1936 de la coalición de izquierdas que **integraba** el Frente Popular provocó algo similar a un **terremoto** en **la España de derechas**. Las conspiraciones **brotaron** desde ese mismo instante. Sólo hacía falta unir las fuerzas que **propiciaran** un levantamiento militar con garantías de éxito. **El**

Los generales Franco (centro) y Mola (derecha)

1936: Rebel generals rise against Republic

general Emilio Mola fue **tejiendo la trama** desde Pamplona. Firmaba los comunicados secretos como "el director" y hablaba en nombre de quien **habría de ser** el jefe del **alzamiento: el general José Sanjurjo**, **desterrado** en Portugal tras su fallida **sublevación** en el verano de 1932. Tras varios meses de negociaciones Mola **logra poner de acuerdo a** las fuerzas políticas conservadoras más importantes del país. El alzamiento será apoyado por monárquicos, **carlistas**, falangistas y la Confederación Española de Derechas Autónomas, **CEDA**, liderada por José María Gil Robles.

–Las dos tendencias predominantes en España, por en me-, por encima de esa proliferación de partidos, que la mayor parte de ellos no tenían **la menor razón de existir**, determinó un estado de tensión que había de provocar **al cabo de los años** una violencia en las elecciones del 36 y una Guerra Civil que, **por desgracia**, no se pudo evitar.

Entre los generales **tanteados** por Mola para conducir el alzamiento, hubo uno que mostró excesivas **vacilaciones**. **Francisco Franco no terminaba de dar un "sí"** a los conspiradores. Se ha escrito que Sanjurjo,

Franquito Despite the scornful diminutive, Sanjurjo actually admired Franco greatly.

se sublevaron rebelled

Melilla twelve-square-kilometer (five-mile-square) Spanish enclave on the Moroccan coast, separated from Spain by a 500-meter-wide neutral zone

Canarias the Canary Islands, an autonomous region of Spain consisting of seven large and six smaller islands off the Moroccan coast

protectorado protectorate

maniobra maneuver

imprescindible essential

se extendió spread

con contundencia *here:* with any force

se resentía [The effects of the uprising] were felt

fracasaba was failing

les depararía would deal them

Burgos city in the Spanish autonomous region of Castilla y León that was Franco's base during the Civil War

golpe de estado coup d'état

capotó flipped over

despegue takeoff

sables sabers

comités committees

encarnizada ferocious

seglares *here:* priests

religiosos monks

religiosas nuns

obispos bishops

anticlericalismo opposition to clerical influence in the political and social realms. The 1812 constitution abolished the Inquisition and limited the number of Spain's religious orders, but was itself abolished in 1814 with the restoration of Ferdinand VII to the throne. The anticlerical reaction was violent, and subsequently the conflict between right and left in Spain was essentially a clash between supporters of the Catholic church and anticlericals.

cegó a blinded

cansado de su indecisión, llegó a afirmar desde Lisboa: "con **Franquito** o sin Franquito, salvaremos España".

3 El 17 de julio **se sublevaron** los primeros militares en **Melilla**. Un avión de nombre *Dragón Rapid*, contratado por conspiradores monárquicos, transportaba al general Francisco Franco desde **Canarias** hasta el **protectorado** español en Marruecos. La **maniobra** era **imprescindible** para afrontar el alzamiento. El ejército español contaba en Marruecos con 30.000 soldados, entre ellos, más de 15.000 de origen norteafricano.

El levantamiento **se extendió** rápidamente por el Marruecos español, Sevilla, Cádiz, Huelva, Granada y Córdoba, Aragón, León, Castilla la Vieja, Navarra, las cuatro provincias gallegas, Mallorca, Canarias. Aquellos días de verano del 36 presidía la República española Manuel Azaña. Su Gobierno no supo cómo hacer frente a los rumores de sublevación durante los días previos y tampoco reaccionó **con contundencia** durante las primeras horas del alzamiento.

El plan de los sublevados **se resentía**. Madrid y Barcelona permanecían fieles a la República y el alzamiento **fracasaba** también en Valencia, Bilbao, Santander, Málaga y Huelva. El 20 de julio **les depararía** un nuevo revés. El general Sanjurjo subía a una avioneta que debía trasladarle hasta **Burgos** para ponerse al frente del **golpe de estado**. El aparato **capotó** en la maniobra de **despegue**, se incendió y Sanjurjo murió en el accidente.

Apenas una semana después de comenzar el alzamiento ni los sublevados conseguían avanzar, ni el Gobierno republicano sofocar el ruido de **sables**. El golpe de estado degeneraba en una Guerra Civil.

España se había roto en dos. Cada uno de los bandos comenzó su particular represión. En la zona republicana se improvisaron múltiples **comités**, algunos de los cuales quedaron en manos de turbas incontrolables. Especialmente **encarnizada** fue la represión que hubo contra la Iglesia Católica durante los primeros meses.

4 Al final de la contienda habían sido asesinados más de 4.000 **seglares**, alrededor de 2.300 **religiosos**, cerca de 300 **religiosas** y 13 **obispos**. El tradicional **anticlericalismo** de la izquierda española **cegó a** los más

1936: General Sanjurjo is killed in a plane crash; Spanish Civil War begins

Manuel Azaña

1936-1939
GLOSARIO Y NOTAS

cortaban cabezas a cut the heads off
templos *here:* churches
establos cowsheds, stables
episcopado episcopate; diocese
"cruzada" "crusade"
dar contenido a give substance to
se quebró ruptured; faltered
nos (...) importaron las teorías extrañas they imported strange theories [into Spain]
tantas veces so many times
saña cruelty
País Vasco Basque Country, the area in northern Spain (now a *comunidad autónoma*) that encompasses the provinces of Álava, Guipúzcoa, and Vizcaya
al lado de las urnas on the side of the ballot box; metaphorically the phrase means "on the side of democracy"
retaguardia rear guard
"la saca" "the taking out"
"el paseo" "the stroll"
tiro en la cabeza shot to the head
delación accusation(s)
veraneaba was spending the summer
tierra natal native land
Advertido [Having been] warned
por "rojo" for being a "red"
Luis Rosales (1910–1992) Granada-born poet and member of the so-called Generación del 36, which also included Miguel Hernández (see below)
lo delató informed against him, betrayed him
de madrugada early in the morning
barranco ravine
Víznar village northeast of Granada, unfortunately best known as the place where Lorca was executed

1937: Spanish
bishops support
Franco

desalmados, que **cortaban cabezas a** las imágenes religiosas, quemaban **templos** o los convertían en **establos**. En 1937 el **episcopado** redactó una carta colectiva donde bautizaba el alzamiento como **"cruzada"**. El general Franco tenía una nueva justificación para **dar contenido a** su rebelión:

–Y ha tenido que venir la cruzada española para arrancar a España de su decadencia, decadencia de España que había llegado porque se había roto la unidad. Y aquella unidad **se quebró** porque vino la división de los españoles, porque **nos impe-, importaron las teorías extrañas**, las democracias liberales, aquella arma que **tantas veces** dijimos que parece inventada contra la sangre de nuestra Patria, de españoles contra españoles.

Una mujer republicana desfila con fusil

Pero la **saña** era propia de los dos bandos y también hubo religiosos fusilados por los franquistas. Ocurrió en el **País Vasco**, donde el Gobierno nacionalista, católico y conservador, apoyó la República. Allí la inmensa mayoría de los sacerdotes se puso **al lado de las urnas**.

En la **retaguardia** nacional también se perpetraron miles de crímenes y torturas, empezando por los mandos militares leales a la República, que fueron los primeros en caer tras la sublevación. Sólo en los primeros días de la contienda ordenaron fusilar a 16 generales. Con la población civil la práctica habitual era **"la saca"** o **"el paseo"**, la conducción de los detenidos indiscriminadamente en plena noche hasta una zona abandonada, donde eran ejecutados de un **tiro en la cabeza**. Nadie estaba a salvo de la **delación**.

1936: Federico
García Lorca is
assassinated

5 Uno de los perseguidos por los sublevados fue el poeta Federico García Lorca. El verano de 1936 Lorca **veraneaba** en su **tierra natal**, en Granada. **Advertido** de que estaba siendo buscado **por "rojo"**, se refugió en la casa familiar de otro joven poeta amigo, **Luis Rosales**, que estaba muy próximo al falangismo. Alguien, son muchas las teorías, **lo delató**. Fue detenido y ejecutado **de madrugada** con otros presos en un **barranco** próximo a **Víznar**.

Romancero gitano "Gypsy Ballads" (1928)

Poeta en Nueva York "Poet in New York" (1940)

Bodas de sangre "Blood Wedding" (1933)

Yerma (1934) Lorca's compelling and elemental tale of a woman's quest for a child

La casa de Bernarda Alba "The House of Bernarda Alba" (1936), widely considered Lorca's most important work

La Barraca touring theater group founded by Lorca in 1932. Its aim was to connect the people to culture by taking the classics (Cervantes, Calderón de la Barca, etc.) to out-of-the-way *pueblos.*

divulgó spread

Café de Chinitas famous Málaga flamenco club celebrated here in Lorca's lyrics

De fondo In the background

La Argentinita (Encarnación López Julvez, 1898–1945) Argentine-born dancer, choreographer, and singer who developed the world-famous Ballets de Madrid in 1932

empate stalemate

pretendían *here:* [whose] intention was

There's a valley in/Spain called Jarama The February 1937 battle of Jarama, although it cost the Republicans a huge number of men, was a significant defeat for the Nationalists.

Brigada Internacional The International Brigade is the collective name of the foreign volunteers, many of them Communists, who fought on the Republican side against the Nationalists during the Civil War. The brigade was recruited by the Paris-based Communist International, or Comintern. In 1996, all its remaining members were awarded honorary Spanish citizenship.

A lo largo de Throughout

transcurrido passed

mundo entero whole world

Se perdía una de las grandes voces literarias del siglo XX, el autor de composiciones como **Romancero gitano** o **Poeta en Nueva York**, de dramas rurales como **Bodas de sangre**, **Yerma** o **La casa de Bernarda Alba**, y fundador del grupo mítico de teatro **La Barraca**, que **divulgó** el teatro clásico por diferentes regiones españolas.

En el **Café de Chinitas**
dijo…

De fondo podemos escucharle tocando el piano junto a **La Argentinita**.

En el Café de Chinitas
dijo Paquiro a su hermano…

1936: Germany and Italy recognize Franco's regime

Las líneas marcadas por los ejércitos apenas se movieron durante el primer mes. Ninguno conseguía imponerse. Hasta que llegó la ayuda internacional. Hitler envió en los primeros días de agosto aviones y armamento. Mussolini desde Italia haría lo mismo. El **empate** estaba roto.

La actitud del Gobierno británico y francés perjudicó especialmente a la República. El 5 y 6 de agosto se constituyó en Londres el Comité de No Intervención, firmado por 28 Gobiernos que **pretendían** garantizar la neutralidad.

**There's a valley in
Spain called Jarama**…

1936: First International Brigade arrives

El 22 de octubre de 1936 se constituía en Albacete la primera **Brigada Internacional. A lo largo de** la Guerra más de 40.000 hombres y mujeres llegados de diferentes países lucharon voluntariamente por los ideales republicanos. Han **transcurrido** más de 60 años desde que tuvieron lugar aquellos hechos. Pero la memoria pervive en el testimonio de este viejo brigadista:

–No tenemos España solamente en el corazón. Somos desde hoy españoles y españolas. Y por eso es un momento tan feliz. ¡Viva la, la, la lucha nuestra para el futuro feliz del **mundo entero**! ¡Gracias!

Ernest Hemingway con brigadistas internacionales

1936-1939
GLOSARIO Y NOTAS

URSS U.S.S.R. (Unión de Repúblicas Socialistas Soviéticas)

Conforme As (preposition)

Partido Comunista de España Spanish Communist Party. Founded in 1921, the PCE constituted the strongest opposition to the Franco regime. A now much-diluted force, it lives on as part of the Izquierda Unida.

reservas de oro del Estado the state's gold reserves

Francisco Largo Caballero (1869–1946) chief lieutenant of the Unión General de Trabajadores (UGT) beginning in 1925 and prime minister and minister of defense from 1936 to 1937. Exiled to France in 1939, he languished in the Nazi concentration camp of Dachau from 1943 to 1945, and died a year after it was liberated.

generalísimo superlative of *general*. The term implies that Franco had absolute authority over the military both in combat and in peace.

se derogaron were abolished

concienzuda thorough, conscientious

se decoró con la estética falangista *in effect:* adopted the Falange aesthetic

Cara al sol "Face to the Sun," the Falangist hymn

se apresuraron hastened

carné [membership] card (from the French "carnet")

camisas azules blueshirts

encorsetada straitjacketed (*literally:* corseted)

coartada restricted

decoro decorum, propriety

Pilar Primo de Rivera (1907–1991) sister of José Antonio Primo de Rivera who became leader of the Sección Femenina (the women's wing of the Falange) in 1934. She became a sort of Nationalist equivalent to the Communists' female figurehead, *la Pasionaria* (see below).

Camaradas Comrades

Unid Unite (*imperative*)

salmos psalms

¡Arriba España! Literally "Up with Spain!," the phrase is best translated as "Long live Spain!" and is therefore, linguistically if not ideologically, indistinguishable from *¡Viva España!*

filiación membership

CNT Confederación Nacional del Trabajo, an anarchist-syndicalist organization founded in 1910 that opposed the socialist UGT (Unión General de Trabajadores)

creció de forma desmesurada shot up

distintivo distinguishing [mark]

prendas burguesas bourgeois clothes

corbatas ties

mono overalls

remangada with rolled-up sleeves

6 Aparte de ellos, la única ayuda importante que llegaba de fuera procedía de la **URSS**. **Conforme** avanzaba la contienda, Moscú intervenía más y más en el curso de las decisiones del Gobierno republicano a través del **Partido Comunista de España**. Además recibía como pago parte de las **reservas de oro del Estado** español que el presidente del Gobierno, **Francisco Largo Caballero**, había ordenado trasladar a Moscú.

1936: Franco is appointed head of state and generalissimo of Nationalist armies

En la zona nacional, Francisco Franco era nombrado jefe del Gobierno del Estado español y **generalísimo** de todas las fuerzas nacionales el 1 de octubre del 36. Se impuso la ley marcial, **se derogaron** todos los derechos, se inició una **concienzuda** represión y **se decoró con la estética falangista**.

Cara al sol
con la camisa nueva,
que tú…

Miles de ciudadanos **se apresuraron** para conseguir un **carné** de Falange. Las calles se poblaron de **camisas azules**, era obligatorio el saludo fascista y se cantaba el "Cara al sol". A la mujer, **encorsetada** y **coartada** por la moral católica, se le imponía un **decoro** absoluto. Este mensaje de **Pilar Primo de Rivera**, hermana de José Antonio, líder e ideólogo de la Falange, dejaba claro lo que se esperaba de una mujer:

–**Camaradas**, España está en guerra y necesita que vosotras penséis también en los que luchan, en los heridos, en los caídos, en los niños que se quedan sin padres. **Unid** vuestra tarea a la nuestra y cantad **salmos** al Señor, como nosotras, por la victoria, por la paz y por los muertos. **¡Arriba España!**

En la zona republicana, la **filiación** del Partido Comunista o de algunos sindicatos como la **CNT creció de forma desmesurada**. Era un **distintivo** de clase no vestir **prendas burguesas**. Desparecieron de las calles los sombreros y las **corbatas**. La moda revolucionaria imponía el **mono** y la camisa **remangada**.

Una joven con bandera de la FAI-CNT

rodeado surrounded

pujante vigorous

se bate is fighting

porvenir future

[en]tente entente, agreement

fusilado executed by firing squad

Mientras tanto Meanwhile

Puente de los Franceses bridge that spans Madrid's Río Manzanares on the western side of the city

Ciudad Universitaria University City, the extensive campus of the Universidad de Madrid, comprising a northern sector of the city, was designed and built in the 1920s and '30s.

columnas *here:* regiments

Enrique Líster (1907–1994) Commander of the Republicans' legendary Fifth Regiment, Líster was exiled to the U.S.S.R. at the end of the Civil War and went on to fight for the Red Army against Nazi Germany.

mandada por under the command of

asedio siege

se hacinaba en packed [itself] into

sótanos basements

amenaza threat

Gran Vía central Madrid's main street, running between Plaza de España and Plaza de la Cibeles

Avenida de los Obuses Avenue of the Mortar Bombs

"no pasarán" "They shall not pass"

7 Estamos en el otoño de 1936. El 6 de noviembre las tropas leales a Franco han **rodeado** la capital y tan sólo están a seis kilómetros. El presidente del Gobierno Largo Caballero toma la decisión de trasladar el Gobierno a Valencia. En las improvisadas Cortes de Valencia Largo Caballero pronunció este histórico discurso:

–Las Fuerzas Armadas de la República se han lanzado estos días en distintos sitios a una **pujante** ofensiva de la España que **se bate** no sólo por su pue-, **porvenir** de pueblo libre, sino lo que podemos llamar [en]tente mundial de la libertad.

El 20 de noviembre de 1936 José Antonio Primo de Rivera es **fusilado** por el ejército republicano en Alicante. **Mientras tanto**, Madrid resistió los ataques frontales y los bombardeos a los que fue sometido durante todo el invierno del 36 y parte de la primavera del 37. Para la historia quedarán las batallas en el **Puente de los Franceses** y la **Ciudad Universitaria**, la de Guadalajara o la del Jarama. Allí tuvieron su bautizo de sangre las Brigadas Internacionales, entre ellas la Brigada Abraham Lincoln. Y también estuvo allí una de las **columnas** míticas del ejército republicano, la columna de Líster, liderada por el general **Enrique Líster**:

1936: José
Antonio Primo
de Rivera is
executed

–Hubo durante esos días muy duros combates y el 14 de febrero se creó un frente con tres divisiones: la A, **mandada por** el general Walter, la B, mandada por el general Gal, y la C, mandada por mí. Y desde ese momento se desarrolló hasta el 25, 26 de febrero lo que fue la verdadera batalla del Jarama.

8 Puente de los Franceses,
Puente de los Franceses,
Puente de los Franceses,
mamita mía,
nadie te pasa,
nadie te pasa.

Durante los primeros meses de **asedio**, la población de Madrid **se hacinaba en** las estaciones de metro y en los **sótanos**. Con el paso del tiempo, la población se acostumbró a vivir bajo la **amenaza** permanente de las bombas. A la popular **Gran Vía** se la conocía como la **Avenida de los Obuses**. Pero Madrid gritaba a una sola voz: **"no pasarán"**.

consigna slogan

Dolores Ibárruri, *La Pasionaria* The charismatic Dolores Ibárruri Gómez (1895–1989), a deputy in the Republican parliament and secretary general of the Spanish Communist Party until 1960, was an inspiration to the Republicans during the Civil War. Another of her slogans was *Antes morir de pie que vivir de rodillas* ("Better to die on your feet than live on your knees").

arengas rousing speeches

queriéndoos insultar a vosotros wanting to insult you

combatientes combatants

vacilan en hesitate to

pasaba hambre were starving

mercado negro black market

racionamiento rationing

sitiado under siege

receta médica prescription

embutidos sausages. It may also refer to cold meat stuffed into a casing made of animal intestines.

carne de burro donkey meat

se extinguieron became extinct

cáscaras de naranja orange peels

palomas pigeons

tortillas sin huevo Spanish omelet without eggs. This would consist effectively of fried potatoes and a bit of onion.

Ramón Serrano Súñer (1901–2003) A major contributor to the political construction of the Franco state and one of Franco's genuine intellectuals, Serrano Súñer was minister of the interior (1937–40), of the press and propaganda (1939–40), and of foreign affairs (1940–42). He retired from public life in 1947.

"cuñadísimo" brother-in-law. (The augmentative ending *-ísimo* suggests both his influence on and his closeness to Franco and is an echo of Franco's title *Generalísimo*.) Serrano Suñer's wife, Zita Polo, was the sister of Franco's wife, Carmen Polo.

ideó devised

Falange Española Tradicionalista *Falange* = phalanx. Founded as the Falange Española in 1933 by José Antonio Primo de Rivera, it was inspired by Italian Fascism.

Juntas de Ofensiva Nacional Sindicalista Committees of the National Syndicalist Offensive, established in 1931 by Ramiro Ledesma Ramos and Onésimo Redondo

bajo mi mando under my command

Dolores Ibárruri, *La Pasionaria*

Fue la **consigna**, el grito de guerra que propagó **Dolores Ibárruri**, *La Pasionaria*, líder comunista de una poderosísima personalidad, que intentaba mantener alta la moral de la población y los soldados con sus **arengas**:

–Hombres que seguramente no nacieron de mujer, hombres que posiblemente no tuvieron madre, decían, **queriéndoos insultar a vosotros** y queriéndome insultar a mí, que los trabajadores que en todos los frentes dan la vida y la sangre por la causa de la libertad, que eran hijos de Pasionaria. Pensaban hacerme una ofensa y no pudieron hacerme mayor honor que considerarme vuestra madre, que considerarme la madre de todos los heroicos **combatientes** que en nuestros frentes de lucha no **vacilan en** sacrificar su vida por la causa de la libertad, por la paz, por la justicia, por la cultura, por el progreso y por la República.

9 La gente **pasaba hambre**. La carencia de alimentos fomentó el **mercado negro** y el **racionamiento**. En el Madrid **sitiado**, por ejemplo, el azúcar y la leche condensada sólo se dispensaban con **receta médica**. En Cataluña se hacían **embutidos** con **carne de burro**. Los gatos casi **se extinguieron**. El hambre obligaba a comer **cáscaras de naranja**, matar las **palomas** que adornaban las plazas de las ciudades o hacer **tortillas sin huevo**.

En la zona nacional, **Ramón Serrano Súñer**, conocido como el **"cuñadísimo"** de Franco y hombre de formación política, **ideó** un decreto por el que se unificaban los dos grupos políticos principales, falangistas y carlistas, en uno solo. A partir de ese día sólo existiría la FET y las JONS, **Falange Española Tradicionalista** y las **Juntas de Ofensiva Nacional Sindicalista**. El mando del partido era asumido por Franco. Así lo explicaba Serrano Súñer:

–Franco un día ya no esperó más y dijo "hay que proceder a la unificación de todas estas fuerzas **bajo mi mando**". Franco era un hombre que tenía una fuerza

Ramón Serrano Súñer (derecha) con Franco

no tenía base política ninguna he had no political base whatsoever

Legión Cóndor An air squadron sent by Hitler in 1936 to aid the nationalist cause, the Condor Legion initially consisted of 100 aircraft and 5,136 men.

vizcaína adjective deriving from *Vizcaya*, or "Biscay" (*Bizkaia* in Basque), one of the three provinces making up the Spanish Basque Country

Guernica A definitive antiwar work of art and perhaps Spain's preeminent 20th-century painting, *Guernica* (1937), executed in tones of black, gray, and white, has hung in Madrid's Reina Sofía Museum since 1992. Picasso refused to allow the painting into Spain under Franco, so its transfer to the country, in 1981, represented a cultural endorsement of Spain's new democracy.

arrasa flattens, demolishes

Pablo Picasso (1881–1973) multifaceted painter and sculptor of more than 20,000 works, and perhaps the most influential artist of the 20th century (also see note on page 35)

encargo commission

siendo cada vez al extranjero *in effect:* spending ever more time abroad

más español aun more Spanish than ever

evidenciaron la desunión made the disunity [of the Republicans] evident

Milicianos Militiamen

Federación Anarquista Ibérica hard-line anarchist organization founded in 1927 that later took control of the CNT

Partido Obrero de Unificación Marxista dissident left-wing party formed in 1935 by Andrés Nin and Joaquin Maurín

Juan Negrín (1891–1956) doctor and politician, prime minister from 1937 to 1939, and prime minister of the Republican government in exile from 1939 to 1945

del agrado de to the liking of

militar enorme, un poder muy grande, indiscutido en el ejército, pero **no tenía base política ninguna**. La Falange sin cabeza, Franco sin base tenían que encontrarse de algún modo.

1937: Bombing of Guernica by German Condor Legion

El 26 de abril de 1937 la **Legión Cóndor**, apoyada por cazas italianos, lanza sobre la población **vizcaína** de **Guernica** 23.000 kilos de bombas que acaban con la vida de cientos de personas y **arrasa** el 70% de la ciudad. El pintor **Pablo Picasso**, que había recibido el **encargo** del Gobierno republicano de pintar un mural para la Exposición Internacional de París, convirtió este bombardeo en la simbólica imagen de la violenta Guerra Civil que estaba destrozando España. Picasso no vivía en España desde hacía años, pero seguía queriéndola como algo muy suyo:

Guernica tras el bombardeo de la Legión Cóndor

–Yo nunca he, me he olvidado de España. Y **siendo cada vez al extranjero**, se vuelve uno **más español aun**. Ya sabe usted que yo he vivido aquí toda mi vida y que mi madre, mi mujer, mi hermana y mis niños son de aquí. Ya lo verá usted cuando, si usted se va al extranjero, cada vez se vuelve uno más español.

10 Las fuerzas de Franco, cada vez más unidas en torno a su figura, se enfrentaban a una República cada vez más dividida. El 3 de mayo de 1937 se produjeron unos extraños incidentes que **evidenciaron la desunión**. **Milicianos** de la **Federación Anarquista Ibérica** (FAI), de la Confederación Nacional del Trabajo (CNT) y del **Partido Obrero de Unificación Marxista** (POUM) se enfrentaron con armas en las calles de Barcelona contra comunistas, socialistas y las fuerzas del orden de la República. Hubo varios muertos y la crisis concluyó con la destitución del presidente del Gobierno, Largo Caballero. Ocupará su puesto el doctor **Juan Negrín**, otro socialista próximo a los comunistas y más **del agrado de** la URSS:

En juego At stake

fiebre fever

Ved See (*imperative*)

se entrega surrender

¡Viva la República! Long live the Republic!

nunca más volvieron a verse never saw one another again

niños de la guerra war children

amargura bitterness

padrinos godparents; *but here possibly:* guardians

madrina godmother

mamá no había más que una you only ever had one mother

caí *in effect:* ended up

sin-, eh, anarcosin-, sindicalista *Anarcosindicalismo* refers to such anarchist labor unions as the CNT.

no somos lo que hubiéramos tenido que ser we are not the people we should have been

hacer y deshacer a su antojo *in effect:* do as he saw fit, do as he liked

golpe de efecto "coup de théâtre"; dramatic stroke

recobrar la iniciativa regain the initiative

batalla de Brunete The Battle of Brunete lasted from July 6 to July 25, 1937, and was won by the Nationalists.

frente *here:* front

la localidad aragonesa de Belchite The town of Belchite in Aragon (a landlocked *comunidad autónoma* in northeastern Spain) was destroyed by the war. Today it is a ruin.

Palmiro Aranda actor and older brother of Vicente, Spanish director whose films often deal with the results of Franco's rule

–**En juego** los destinos de España, no puede haber más que una **fiebre** de heroísmo y pasión de servicio. ¡**Ved** la victoria, españoles! ¡España no se deja devorar! ¡España no **se entrega** y un pueblo que no se entrega no puede ser vencido! ¡**Viva la República!**

Póster republicano

Coincidiendo con la llegada al poder de Negrín en mayo de 1937 hay numerosas evacuaciones de ciudadanos de Vizcaya, Santander y Asturias, acosadas por las tropas nacionales. Miles de niños partieron en expediciones hacia Francia, Bélgica, el Reino Unido, Holanda, México y la Unión Soviética. Muchos padres e hijos **nunca más volvieron a verse.** Hoy, esos **niños de la guerra**, convertidos en abuelos, recuerdan con **amargura** aquella separación:

–El 18 de marzo fui con mis nuevos **padrinos**, porque mi **madrina** me dijo que **mamá no había más que una** y siempre la llamé "madrina".

–Yo **caí** en casa de un **sin-, eh, anarcosin-, sindicalista** de izquierdas naturalmente, y allí pasé mi juventud hasta, hasta que me casé.

–Que no, que **no somos lo que hubiéramos tenido que ser.** No hemos tenido la posibilidad de vivir nuestra niñez, ni la juventud tampoco.

11 El 3 de junio de 1937, días antes de la toma de Bilbao, el general Mola, el director de la conspiración, fallece en un accidente aéreo, igual que Sanjurjo. Franco se quedaba solo para **hacer y deshacer a su antojo.**

Mientras tanto la República necesitaba algún **golpe de efecto** para **recobrar la iniciativa.** Con esa intención se inicia el 6 de julio de 1937 una de las batallas más sangrientas de toda la Guerra Civil: la **batalla de Brunete**, en las inmediaciones de Madrid. La ofensiva acabó en derrota. Algo similar ocurrió en el **frente** abierto un mes después en **la localidad aragonesa de Belchite. Palmiro Aranda**, combatiente de aquella batalla, narra así lo que sus ojos vieron:

1937: General Mola dies in airplane accident; battle of Brunete

1936-1939
GLOSARIO Y NOTAS

de las postrimerías at the close of
humeaban aún were still smoking
andadura wanderings
sacos terreros sandbags
a modo de serving as
ancho reguero great trail
una superioridad aérea aplastante an overwhelming superiority in the air
se instala moves into
un avanzar an advance. Many Spanish verbs can easily convert into nouns.
Ebro Spain's longest river, running 909 kilometers (565 miles) in a southeasterly direction from
    Cantabria to the Mediterranean. "Ebro" derives from the river's ancient name, Iberus.
camisas negras Blackshirts
al mando del under the command of
general Aranda Antonio Aranda Mata, 1888–1979. After the war, Aranda's increasingly
    promonarchist views became a source of conflict with Franco.
distraer distract
confiaban en que were confident that
no les quedaría más remedio que would have no other choice then but to
con ánimo de with the aim of
la batalla del Ebro the Civil War's last great battle, which took place from July 25 to November
    15, 1938. The Nationalists lost 6,500 men, but the struggle broke the Republicans as a fighting
    force.

Restos de religiosos asesinados por
republicanos en Barcelona

–Aquella tarde **de las postrimerías** del verano del 37 yo estuve aquí. Las ruinas, estas ruinas **humeaban aún** y había en el aire de Belchite una pestilencia insoportable. En mi **andadura** encontré una casa con unos balcones que, protegidos por **sacos terreros a modo de** parapeto, y de todos ellos bajaba hasta la calle, hasta el suelo, la huella de un **ancho reguero** de sangre.

A finales del mes de octubre de 1937 el ejército sublevado ha conquistado todo el frente norte de la Península. Franco ya cuenta con la potente industria vasca, las minas, **una superioridad aérea aplastante** y 100.000 hombres más. El día 31 de octubre el Gobierno republicano abandona Valencia y **se instala** en Barcelona.

Los primeros meses del 38 fueron **un avanzar** constante de las tropas franquistas al sur y norte del **Ebro**, ayudadas por los **camisas negras** de Mussolini. El 15 de abril de 1938 se produjo otro momento clave de la Guerra. Las tropas franquistas, **al mando del general Aranda**, conseguían llegar al Mediterráneo y cortaban el territorio republicano en dos.

1938: Battle of the Ebro

El doctor Negrín necesitaba **distraer** las tropas franquistas y ganar tiempo, porque **confiaban en que** estallara la guerra en Europa. A Inglaterra y Francia **no les quedaría más remedio que** ayudar a la República. Y de esa manera, **con ánimo de** resistir, ordenó a sus tropas contraatacar. Era el mes de julio del 38. Había comenzado **la batalla del Ebro**.

El ejército del Ebro.
Rumba, la rumba,
la rumba, la.

Póster de la Guerra Civil de la FAI
y de la CNT

1936-1939
GLOSARIO Y NOTAS

atroz terrible

podridos al sol rotting in the sun

imparable unstoppable

Corpo Truppe Voluntarie Mussolini's contribution to the Nationalist cause, the Corpo di Truppe Voluntarie, was the Italian equivalent of Hitler's Condor Legion.

se vivió took place

los Pirineos the Pyrenees

enfiló set off along

acoso relentless pursuit

campos de refugiados refugee camps

A pico y pala abrí zanjas I dug ditches with pickax and spade

orinarnos las manos para curtirlas, porque sangraban urinate on our hands to harden them, because they were bleeding

se desmoronaba was falling apart

Por esas fechas By that time

se rinde Madrid Madrid surrenders

El mes de agosto fue **atroz**. Los muertos, **podridos al sol**, se contaban por miles. 113 días duró la batalla. La República perdía 70.000 hombres. El final se aceleraba. 1939 comenzaba con la marcha **imparable** de las tropas de Franco y los miles de soldados del **Corpo Truppe Voluntarie** italiano. Entraban en Barcelona el 26 de enero.

Jóvenes franquistas

12 Mussolini, Hitler, Franco…

La derrota de la República estaba cerca. La represión franquista había comenzado y se aceleró el éxodo de miles de personas. El capítulo final de esta huída **se vivió** en **los Pirineos**. Alrededor de medio millón de personas **enfiló** los senderos de nieve a través de la montaña, huyendo del **acoso** de las tropas. En Francia les esperaban improvisados e inhumanos **campos de refugiados**, como hoy recuerdan algunos de los refugiados que lograron sobrevivir:

–**A pico y pala abrí zanjas**, a 18 grados bajo cero, en Macizo Central, y trabajamos de las siete de la mañana a las siete de la tarde. Se reían al principio de nosotros, y todo lo que nos recomendaban era[n] **orinarnos las manos para curtirlas, porque sangraban**.

Todo **se desmoronaba** para la República. El 4 de febrero Manuel Azaña, el presidente, huía a Francia. Allí, el general Rojo le confirmó que la Guerra estaba perdida. **Por esas fechas** los Gobiernos de Francia, Gran Bretaña y Estados Unidos habían reconocido a Franco como jefe de Estado de España y Azaña renunció a su cargo.

Exiliados republicanos en la frontera con Francia

El 28 de marzo **se rinde Madrid**. El 29, el general republicano Matallana da

rendición total total surrender

Alicante city in southeastern Spain, in the *comunidad autónoma* of Valencia

un parte de guerra war dispatch, communiqué

sellado sealed

cautivo held captive

autarquía Autarky, or economic self-sufficiency and independence, was a guiding principle of Francoist policy from 1939 to 1959.

intervencionismo defined in the *Diccionario de la Real Academia Española* as "ejercicio reiterado o habitual de la intervención en asuntos [affairs] internacionales."

ajusticiamientos executions (Note the word *justicia* concealed within it.)

se compaginaban went hand-in-hand with

se adueña de takes over

"ensaladilla rusa" "Russian salad"

castellano Castilian. The term is often preferred to "Spanish" in deference to the other languages of Spain.

el catalán, el vasco y el gallego Catalan, Basque, and Galician, now seen as languages but considered by the Franco regime to be no more than dialects

pureza purity

desánimo despondency

brota springs from

partituras [musical] scores

Joaquín Rodrigo (1901–1999) Rodrigo, blind from the age of three, became Spain's preeminent living composer following the death of Manuel de Falla, in 1946. He was awarded the Prince of Asturias Prize for the arts in 1996.

Concierto de Aranjuez Written in 1939, the concerto evokes a glorious, mythic Spanish past, and as such reflects its composer's nationalist beliefs.

no era el tiempo propicio para las luces *in effect:* it was not a time for light (cf. *un estudiante que ya brilla con luz propia* = a student who now shines in his own right)

privada de deprived of

deuda debt

orden de **rendición total**. El 30, entran las tropas nacionales triunfalmente en Valencia. El 31, 12.000 republicanos armados se rinden en el puerto de **Alicante**, con los últimos refugiados escapando en barco. El 1 de abril de 1939 **un parte de guerra** firmado por Franco y **sellado** en Burgos anunciaba el triunfo de los nacionales:

–En el día de hoy, **cautivo** y desarmado el ejército rojo, han alcanzado las tropas nacionales sus últimos objetivos militares. ¡La guerra ha terminado!

13 Comenzó una época de aislamiento, **autarquía**, penuria e **intervencionismo**. Las purgas y **ajusticiamientos** de militares y cargos republicanos **se compaginaban** con una reforzada moral puritana. Se suspende el divorcio y los matrimonios civiles. La censura **se adueña de** la prensa, la literatura, el cine y el teatro.

Un plato tradicional de la cocina española llamado **"ensaladilla rusa"** pasó a denominarse "ensaladilla nacional", porque Rusia era una nación comunista y enemiga. Y se inició una persecución contra el resto de lenguas que convivían en España con el **castellano: el catalán, el vasco y el gallego**. Sólo se permitía la supuesta **pureza** de la lengua imperial.

Entre tanta sombra y **desánimo**, **brota** de las manos de un músico español exiliado en Suiza una de las **partituras** clásicas que más se ha interpretado y reproducido a lo largo del siglo XX. **Joaquín Rodrigo** escribe para guitarra y orquesta el *Concierto de Aranjuez*.

Pero **no era el tiempo propicio para las luces**. El 1 de septiembre de

1939: Civil War ends; World War II begins

1939, cinco meses después del fin de la Guerra en España, comenzaba la Segunda Guerra Mundial. España quedaba **privada de** la ayuda de las naciones que se habían puesto de parte de los sublevados. Es más, Alemania e Italia reclamarán la **deuda** contraída por España para hacer frente a la nueva situación.

Joaquín Rodrigo

Hendaya Hendaye, city in southwestern France. The Franco-Hitler meeting took place in an armored train car.

"yo soy el dueño (...) obedecer" Paul Preston, in *Franco* (HarperCollins, 1995), provides good reasons for believing that this famous phrase, which came from an unreliable source, was never uttered by Hitler.

disgustados annoyed

Lluís Companys Lluís Companys i Jover (1883–1940), president of the Generalitat de Catalunya in 1933 and from 1936 to 1939, was a major figure in left-wing Catalonian nationalism.

entregado handed over

embajador franquista Franco's ambassador

pelotones de fusilamiento firing squads

penosas appalling

Entre barrotes Behind bars

Julián Besteiro (1870–1940) president of the Socialist Party (PSOE) from 1928 to 1931 and of the UGT (1928–34)

Miguel Hernández (1910–1942) poet and dramatist whose most intense work often deals with the injustice of war. As much a victim of the Nationalists as the better-known Lorca, he died of tuberculosis in the prison at Alicante at the age of 31.

Yo quiero ser llorando el hortelano... I want to be the market gardener, weeping…

lo que no estaba prohibido era obligatorio whatever wasn't forbidden was obligatory

el NO-DO NO-DO was the main source of news for most Spaniards from 1943 to 1975.

alternaba alternated

pervivió survived

irrumpe en Madrid bursts onto [the] Madrid [scene]

gitana Gypsy

Lola Flores y Manolo Caracol Flores (1923–1995), known as La Faraona (Gypsy term for "queen") after starring in René Cardona's 1955 film of that name, was the explosive singer, dancer, and actress whose affair with singer Caracol defied the conformity of the times. At her death in 1995, some 150,000 people filed past her coffin.

1940-1958

Encuentro entre Franco y Hitler en Hendaya

1940: Franco meets Hitler at Hendaye; Manuel Azaña dies in France

1941: Alfonso XIII dies in Rome

14 El 23 de octubre de 1940 Franco y Hitler se encontraron en la estación de tren de **Hendaya**. En esa reunión estuvo presente Serrano Súñer. Contaba que Hitler exigió que España participara en la Guerra con estas palabras: **"yo soy el dueño de Europa y como tengo a mi disposición 200 divisiones, no hay más que obedecer"**. Franco pidió a cambio compensaciones territoriales en África y ayuda económica. No hubo acuerdo, y los dos dictadores abandonaron **disgustados** la reunión.

Por esas fechas fue fusilado **Lluís Companys**, presidente de la Generalitat de Cataluña, capturado por la Gestapo en Francia y **entregado** a Franco. Manuel Azaña, ex presidente de la República murió poco después, cuando ya rodeaban su hotel en el exilio agentes alemanes dirigidos por el **embajador franquista** en París. En España, los **pelotones de fusilamiento** y las **penosas** condiciones de las cárceles harían el resto. **Entre barrotes** se extinguirán las vidas del socialista **Julián Besteiro** o el poeta **Miguel Hernández**.

Yo quiero ser llorando el hortelano…

En la España franquista **lo que no estaba prohibido era obligatorio**. Y el 16 de diciembre de 1942 se anunciaba la creación de "Noticiarios y Documentales", **el NO-DO**, que produciría semanalmente noticiarios informativos que debían de exhibirse obligatoriamente en todas las salas de cine. El NO-DO, que **alternaba** la información con la propaganda del régimen franquista, **pervivió** hasta el final de la dictadura.

No todo son pesares. En la primavera de 1945 **irrumpe en Madrid** una de las parejas artísticas más populares. Las actuaciones en el cine y el teatro de la **gitana Lola Flores y Manolo Caracol** entusiasman al público de la época.

lerele The Flores's family home in Madrid, *El Lerele*, took its name from these nonsensical words.

la ONU the U.N. (United Nations)

insta a urges

se hallaban *here:* were based in

Juan Domingo Perón (1895–1974) founder of the still-dominant populist, nationalist political philosophy of Peronism and president of Argentina from 1946 to 1955 and from 1973 to 1974

ratificar ratify

la mítica Evita (1919–1952) Perón's second wife, the legendary actress and politician Eva Duarte de Perón

agasajada *here:* acclaimed

desbordante boundless

inenarrable inexpressible; spectacular

paliar mitigate

cartillas de racionamiento ration books

Comisión de Abastos Provisions Commission

garbanzos, boniatos, bacalao, aceite, azúcar, tocino chickpeas, sweet potatoes, cod, oil, sugar, and lard

pan negro black bread, made with dark rye flour

se vistió de luto went into mourning

Manolete (1917–1947) The dominant *torero español* of the post-Civil War period, *Manolete* was known for his austere, classical style. In 1997, 50 years after he died, it was revealed that a dubious "dry plasma" was used to treat him after the goring, possibly causing his death.

cornada goring

Y un **lerele**, le, leré,
y un lerele.
Y un lerele, le, leré,
y un lerele.
Y un lerele, le, leré,
y un lerá.

1945: World War II
ends; Spain is
excluded from
newly formed
United Nations
Organization

15 En los primeros días de mayo de 1945 se da por finalizada la Guerra en Europa. España, que había mantenido su condición de país no beligerante próximo a Italia y Alemania durante la contienda, se declara neutral. A pesar de este cambio, **la ONU** le cerró las puertas. Una resolución de este organismo **insta a** los pocos embajadores extranjeros que **se hallaban** en Madrid a abandonar el país.

1946: U.N.
recommends
diplomatic
boycott of Spain

Occidente aísla a España, pero hay una nación que se pone al frente de la ayuda al régimen franquista: la Argentina de **Juan Domingo Perón**. Argentina concede a España un crédito de 350 millones de pesos, envía miles de toneladas de alimentos y para **ratificar** el apoyo, el 8 de junio de 1947, la esposa de Perón, **la mítica Evita**, aterriza en el aeropuerto de Barajas y es **agasajada** por las multitudes:

1947: Marshall
Plan is initiated—
Spain is excluded;
"Evita" Perón
visits Spain with
offer of Argentine
aid

Juan Domingo Perón

–Os participo de su ternura **desbordante** por España y os confundo en mi corazón de mujer, sensible a la calidad de vuestro agasajo, el calor de vuestra hospitalidad y el maravilloso e **inenarrable** de vuestro fervor por mi país.

La ayuda argentina sirvió para **paliar** las penurias de una España hambrienta que subsistía con **cartillas de racionamiento**. Se trataba de unos documentos individuales que daban derecho a recibir los productos proporcionados semanalmente por la **Comisión de Abastos: garbanzos, boniatos, bacalao, aceite, azúcar, tocino** y 200 gramos de **pan negro**.

16 Aquel verano de 1947 España **se vistió de luto**. El torero Manuel Rodríguez, *Manolete*, matador de valor sereno e imperturbable, ídolo de masas, moría tras sufrir una terrible **cornada** de *Islero*, toro de la

ganadería de Miura Spain's most celebrated bull-breeding farm is located in Seville and dates
from 1849.

Linares town in the province of Jaén in Andalusia

se tiró a matar *in effect:* he went in for the kill

despacico slowly

empitonó gored

ahí mismo right there

un borbotón de sangre *in effect:* the blood gushed out

Gilda 1946 Charles Vidor film noir classic starring a seductive Rita Hayworth (real name
Margarita Carmen Cansino, the Brooklyn-born daughter of a Spanish dancer) and Glenn Ford

Camilo José Cela (1916–2002) Cela, whose first novel, *La familia de Pascual Duarte*, is also his
best-known, won a Nobel Prize in 1989.

Viaje a la Alcarria Cela made his walking trip around this area in Castilla–La Mancha in 1946.
The book is distinguished by its focus on people rather than on places.

Jorge Negrete (1911–1953) immensely popular Mexican actor and singer

Antonio Machín (1900–1977) mixed-race Cuban singer and composer who, somewhat
surprisingly given the regime, was popular in Spain in the 1940s and '50s

definitorios de una época era-defining

salario medio average wage

ganadería de Miura. Fue la tarde del 28 de agosto, en la plaza de toros de **Linares**. Algunos de los aficionados que acudieron a ver la corrida aquella tarde lo recuerdan así:

–Y cuando **se tiró a matar**, pues, se tiró como, ah, bueno, muy, muy **despacico** y se dejó caer sobre, sobre el toro. Y al hacer así, hace así el toro, uh, y lo **empitonó**. Cayó **ahí mismo** y se echó mano así, y, claro, **un borbotón de sangre** de momento.

–Y entonces yo ya no vi más. Vi la sangre y ya no vi más.

En el invierno de 1948 llega a los cines españoles la película

Manolete

estadounidense *Gilda*, que provoca un gran escándalo y la rápida actuación de la censura. **Camilo José Cela**, futuro Premio Nobel de Literatura, publica uno de los mejores libros de viajes de la literatura española, *Viaje a la Alcarria*.

En los transistores españoles suenan sin descanso las populares canciones del mexicano **Jorge Negrete** y del cubano **Antonio Machín**, autor de boleros tan entrañables y tan **definitorios de una época** como "Angelitos negros", "Madrecita" o "Dos gardenias":

Dos gardenias para ti,
con ellas quiero decir
"te quiero", "te adoro",
mi vida.

17 Comienza la década de los cincuenta y los españoles siguen siendo paupérrimos. El **salario medio** era un 25% más bajo que antes de declararse la Guerra Civil. El pueblo, acostumbrado a

Camilo José Cela

se enardecerá *in effect:* will be stirred to passion

gesta casi militar quasi-military exploit

nos retrotrae a takes us back to

estrecho y eficaz marcaje close and efficient marking

Zarra acaba de marcar para España un gol maravilloso The game, which Spain won 1-0, was played in the Maracanã stadium in Rio de Janeiro. It is still remembered as a high point in Spanish soccer history.

Ladislao Kubala (1927–2002) The Hungarian-born Kubala is unique in having played on the national teams of three countries (Hungary, Czechoslovakia, and Spain).

fichado signed

Alfredo di Stéfano (b. 1926) Di Stéfano, born in Buenos Aires, is considered by most soccer experts to be the most complete player of all time, and by many to be simply the best.

"la saeta rubia" "the Blond Arrow"

recalará en will end up at

asombrará will dazzle

interesada with an ulterior motive

"Mientras rueda la pelota no se habla de política" "While the ball's rolling, politics isn't being talked about"

favorecida *here:* benefited, aided

supondría would mean

bases aéreas y navales norteamericanas [North] American air and naval bases

hiciera un hueco a should make room for

Luis García Berlanga (b. 1921) The best films of Berlanga, one of the great Spanish directors, are characterized by their combination of sharp satire and the filmmaker's affection for his characters.

Bienvenido Mr. Marshall (1952) This satire on U.S. aid to Europe after World War II is one of the Spanish cinema's masterpieces.

Juan Antonio Bardem (1922–2002) screenwriter, director—his *Muerte de un ciclista* (1955) is a classic—and uncle of actor Javier Bardem

Americanos In formal use, the term actually refers not only to U.S. citizens but to citizens of all countries on both American continents.

mitigar la falta de pan y la mucha miseria con fútbol y toros, **se enardecerá** en 1950 con una victoria futbolística elevada a la categoría de **gesta casi militar** por el régimen y que todavía hoy se recuerda: la victoria de España sobre Inglaterra, la "pérfida Albión", en el estadio Maracaná durante el Mundial de Brasil gracias a un gol de Zarra. Por aquel entonces, la voz más popular del periodismo deportivo era la de Matías Prat. Su timbre **nos retrotrae** a aquella época:

—Inglaterra, con un juego rápido e incisivo, ataca ahora la meta defendida por Ramallets. La defensa española, con un **estrecho y eficaz marcaje**, neutraliza hasta ahora estos ataques. Tiene en estos momentos la pelota Gabriel Alonso. Avanza con ella. Sigue avanzando. Envía un pase largo sobre Gaínza. Gaínza, de cabeza, centra. El balón va a Zarra. Chuta y ¡Gol! ¡Gol! ¡Señoras y señores, **Zarra acaba de marcar para España un gol maravilloso**!

Poco después llegarán a España estrellas internacionales del fútbol, como el húngaro **Ladislao Kubala**, **fichado** por el Barcelona, o el argentino **Alfredo di Stéfano**, apodado **"la saeta rubia"**, que **recalará en** el Real Madrid y **asombrará** con su juego. El fútbol cobrará una relevancia social **interesada. "Mientras rueda la pelota no se habla de política"**, razonan los franquistas.

Alfredo di Stéfano

1950: Korean War begins

1953 será un buen año para la política exterior española. La dictadura franquista, que siempre había dejado clara su aversión al comunismo, se vio **favorecida** por el aumento de las tensiones entre Estados Unidos y la URSS, a raíz de la Guerra de Corea. España firmó un acuerdo de ayuda económica y militar con los Estados Unidos que **supondría** el futuro establecimiento de **bases aéreas y navales norteamericanas** en suelo español. A cambio, Estados Unidos presionaba para que la ONU **hiciera un hueco a** España.

1953: Military bases agreement between Spain and USA is signed

Precisamente ese año se presenta en el Festival de Cannes la película de **Luis García Berlanga,** *Bienvenido Mr. Marshall,* con guión de **Juan Antonio Bardem**:

Americanos,
vienen a España guapos y sanos…

describe con causticidad caustically describes
pasan de largo go right past
maltrechos battered
maquinaria machinery
bienes goods
Como contrapartida In return
miembro de pleno derecho full member
UNESCO The United Nations Educational, Scientific, and Cultural Organization, an agency of the U.N. created in 1946 to promote international collaboration in education, science, and culture
Santa Sede Holy See
Pío XII (1876–1958) Pius XII, pope from 1939 to 1958, principally remembered for his attempts to bring the Second World War to a conclusion, although also criticized for failing to address the Holocaust
voltear pealing
cantinelas y reivindicaciones refrains and demands (or complaints)
"Gibraltar español" Since Gibraltar was taken by the British in 1704, Spain has repeatedly claimed sovereignty over it. The colony's inhabitants, meanwhile, have repeatedly expressed their desire that it remain British.
se echaba mano del Peñón *here:* they would play the Gibraltar card. "Rock" is generally used to refer to Gibraltar.
Isabel II Elizabeth II

En ella se **describe con causticidad** la transformación de un pequeño pueblo castellano advertido por las autoridades políticas de que van a llegar los "americanos". Todos confían en que los estadounidenses les solucionarán la vida, pero al final sólo **pasan de largo**.

18 El Plan Marshall se concibió en los Estados Unidos al final de la Segunda Guerra Mundial como un programa de ayuda económica para reflotar a los **maltrechos** países europeos. Los americanos mandaron a Europa alimentos, **maquinaria** y **bienes** por valor de 13.000 millones de dólares. **Como contrapartida**, las empresas norteamericanas ampliaron sus mercados. España quedó al margen de este plan.

1953: Spain joins
UNESCO;
Concordat
between Spain
and Vatican is
signed

En 1953 España también entró como **miembro de pleno derecho** en la **UNESCO** y firmó un Concordato con la **Santa Sede** que concedía extraordinarios y amplios privilegios a la Iglesia. El papa **Pío XII**, que había apoyado a la dictadura de Franco, se dirigió en más de una ocasión a los católicos españoles:

–Venerables hermanos y amados hijos, que clausurando este Congreso Mariano Nacional consagráis vosotros mismos y vuestra Patria toda al inmaculado corazón de María. Qué nos pudiera dar en estos momentos que así como con nuestra luz conseguimos hacernos presentes en medio de vosotros, lo pudiéramos hacer igualmente con nuestros ojos y nuestros oídos para escuchar el **voltear** de las campanas de toda España.

Una de las **cantinelas y reivindicaciones** más repetidas por el franquismo fue la de **"Gibraltar español"**:

Gibraltar, tú serás
algún día español.
Gibraltar, tú serás
algún día español.

Cada vez que el régimen necesitaba distraer la atención de los españoles por problemas internos **se echaba mano del Peñón**. En 1954, tras la visita de la reina de Inglaterra **Isabel II** a

Un paseo por Gibraltar

1940-1958
GLOSARIO Y NOTAS

sin más *in effect:* without adding anything
seguía imponiendo con mano dura su dictadura continued to maintain an iron grip on his
    dictatorship
abarrotadas packed full
Consejo de Seguridad de las Naciones Unidas United Nations Security Council
Por aquel entonces At that time
nieto grandson
fútbol soccer. The term preferred by Spanish-language purists is *balompié.*
palmarés *in effect:* string of triumphs
henchir fill [with pride]
encogidos pechos *literally:* shrunken chests; *figuratively:* damaged pride
Con empate a dos goles With a 2-2 draw; With the teams tied at two apiece
se adelanta moves ahead
tanteo score

Gibraltar, Franco alentó numerosas manifestaciones en todo el país con estas palabras:

–Gibraltar. Sé que este nombre no se puede pronunciar **sin más**, ni emoción. Yo os digo simplemente esto: Gibraltar es español.

1955: Spain is admitted to U.N.

19 En el año 1955 poco había cambiado en España. Franco **seguía imponiendo con mano dura su dictadura,** las cárceles estaban **abarrotadas** de presos políticos, no había ningún tipo de libertad. Y aun así, el 14 de diciembre, el **Consejo de Seguridad de las Naciones Unidas** aceptó la entrada de España en la ONU.

Por aquel entonces ya estaba en España un **nieto** del rey Alfonso XIII, el príncipe don Juan Carlos de Borbón, que abandonó el exilio con el permiso de Franco para incorporarse a la Academia General Militar de Zaragoza.

El Real Madrid ganó en 1956 la primera Copa de Europa de **fútbol** en el Parque de los Príncipes de París, frente al Reims. Resultado: 4 a 3. Será el comienzo de un glorioso **palmarés** que ayudó en aquellos años sombríos a **henchir** un poco los **encogidos pechos** de los españoles:

–El estadio del Parque de los Príncipes de París es el marco de la final de la primera Copa de Europa que disputan el Reims, campeón de Francia, y los campeones de España.

–**Con empate a dos goles** empieza la segunda parte. El Reims **se adelanta** con un nuevo gol de… A 20 minutos del final, 3 a 2 favorable a los galos, pareció ser definitivo. Ahora el gol del empate a 3. Marquitos, defensa blanco, es su autor en colaboración con Templin. Y, por último, veamos el cuarto del **tanteo** español que logra de manera perfecta Héctor Rial.

20 El 7 de abril de 1956 España firmó la independencia de Marruecos, aunque España seguía conservando algunos pequeños enclaves en el norte

El Real Madrid gana su primera Copa de Europa

más pudientes better off

Gabriel Arias Salgado Arias Salgado (1904–1962) held the post from 1951 until his death.

Televisión Española TVE initially broadcasted to a mere 600 receivers in Madrid. At the time little more than a mouthpiece for the regime, transmissions were extended to include Barcelona in 1959, with TVE 2 following in 1965. Unlike some other European countries, Spain has never had a TV license fee.

iconoscópica iconoscope, a type of camera tube that was replaced by the more sensitive image orthicon

radio *here:* radius

en la actualidad currently

una emisión semanal a weekly broadcast

Seat 600 automobile introduced in 1957 at a price of around $400. Eight hundred thousand 600s were manufactured before production ceased, in 1973; "Seat" = Sociedad Española de Automóviles de Turismo

utilitario small, economical car

motorización increase in car ownership

el peatón español pasaría a ser un "seatón" the Spanish pedestrian would become a "SEATestrian"

de manejo fácil *in effect:* easy to drive

autárquico adjectival form of *autarquía* (see above)

enclaustrada cloistered

Fondo Monetario Internacional International Monetary Fund

Banco Mundial de Reconstrucción y Fomento International Bank for Reconstruction and Development, established in 1944 and part of the World Bank Group

tecnócratas technocrats: technical experts employed to manage a country's industrial production and distribution. Until the late 1950s, Franco substituted autarky for technocracy.

pertenecientes who belong to

Opus Dei The members of this conservative Roman Catholic association, formed in 1928, strive to demonstrate Christian ideals in their daily activities. Opus Dei numbers some 28,000 adherents in Spain alone. Its technocrats dominated Francoist economic policy through the 1960s and early 1970s, and the organization continues to have influence in sectors as diverse as education, banking, and the media.

capitales *here:* fortunes

Josemaría Escrivá de Balaguer (1902–1975) Roman Catholic priest, founder of Opus Dei. He was canonized, after much controversy, in 2002.

loco perdido completely crazy

de África. Por aquella época los hogares españoles **más pudientes** se preparaban para hacer hueco a un nuevo invitado que nunca más saldría de casa. El 28 de octubre de 1956 el ministro de Información y Turismo, **Gabriel Arias Salgado**, inauguraba oficialmente **Televisión Española**.

–El equipo existente en la emisora de Chamartín está compuesto por dos cámaras de estudio y una **iconoscópica** para cine. Su **radio** de visión y audición es de unos 20 kilómetros aproximadamente, y **en la actualidad** se celebra **una emisión semanal** de unas dos horas. Pronto será bisemanal.

Por aquel entonces se pone a la venta el primer coche **Seat 600**, un **utilitario** de cuatro plazas, que costaba 80.000 pesetas y que permitió la **motorización** de España. En aquellos años se decía que **el peatón español pasaría a ser un "seatón"**. Fue el primer coche de los españoles más modestos:

–Este coche utilitario español aparece muchas veces conducido por manos de mujer. Es **de manejo fácil** y por esta razón constituye un vehículo adecuado para la familia y para el trabajo.

Franco decidió suavizar el régimen **autárquico** que había mantenido

1958: Spain joins IMF and World Bank

a España **enclaustrada** y empobrecida. El 20 de mayo de 1958 España entra a formar parte del **Fondo Monetario Internacional** y del **Banco Mundial de Reconstrucción y Fomento**. El cambio también se aprecia en sus gobiernos, donde ganan terreno los ministros **tecnócratas**, en detrimento de los camisas azules. También suben enteros algunos políticos **pertenecientes** al **Opus Dei**, organización católica de extremo conservadurismo, próxima a los grandes **capitales** y fundada por **Josemaría Escrivá de Balaguer**:

Josemaría Escrivá de Balaguer, el fundador del Opus Dei

–Tenía 26 años, la gracia de Dios y buen humor. Y nada más. Y tenía que hacer el Opus Dei. Y decían que, que, que era loco. Y tenían razón, **loco perdido**. Y continúa loco. Aquí está.

mausoleo mausoleum
perpetuarse *in effect:* keep his memory alive
faraónica magnificent, grand (*literally:* pharaonic)
Valle de los Caídos Valley of the Fallen, an underground basilica and crypt that took nearly
   20 years to build
rematada finished off
presos de guerra prisoners of war
sepultura grave
vigésimo twentieth
Santa Cruz Holy Cross
desafiar defy
rindan tributo pay tribute
legaron bequeathed
yate yacht
Azor Goshawk
disfrutando de enjoying
la pesca fishing
vanidoso *here:* proudly
peces espada swordfish
atunes tuna fish
hazañas exploits
toledano from Toledo
Federico Martín Bahamontes (b. 1928) Known as El Aguila de Toledo, Martín Bahamontes is
   widely considered (ironically, given his name) to be the finest climber in cycling history.
consiga ganar manages to win
Tour de Francia Tour de France, the world's most famous cycling event

1959-1975

21 El 1 de abril de 1959, día del vigésimo aniversario de la Victoria, envuelto en toda la parafernalia militar y eclesiástica, Francisco Franco inaugura el **mausoleo** con que intenta **perpetuarse**, su obra más **faraónica**, el **Valle de los Caídos**: una basílica excavada en granito y **rematada** por una gran cruz de 153 metros de altura adornada con esculturas gigantescas. En las obras han sido obligados a trabajar miles de **presos de guerra** republicanos. Hasta allí ha sido trasladado el cuerpo del falangista José Antonio Primo de Rivera, y a su lado ha ordenado el Generalísimo que preparen su futura **sepultura**.

–En el **vigésimo** aniversario de la victoria nacional se inaugura la gran basílica de la **Santa Cruz** del Valle de los Caídos, que, como se afirmó en el decreto fundacional, tiene la grandeza de los monumentos antiguos, que pueden **desafiar** al tiempo y al olvido, y constituye lugar de meditación, de estudio y de reposo en que las generaciones futuras **rindan tributo** de admiración a los que les **legaron** una España mejor.

Ese verano Franco pasa sus vacaciones a bordo del **yate Azor, disfrutando de** una de sus grandes aficiones: **la pesca**. Le gusta vestir con el blanquísimo traje de la marina y exhibir **vanidoso** ante las cámaras sus capturas de **peces espada** y **atunes** gigantes. Aquel verano del 59 seguirá con especial atención, como todos los españoles, las **hazañas** por las carreteras francesas del ciclista **toledano, Federico Martín Bahamontes**. Será la primera vez que un español **consiga ganar** el **Tour de Francia**:

–El momento clave, indiscutiblemente, la entrada al Parque de los Príncipes, cuando yo sentía tocar el himno aquel, un día 18 de julio y en lo alto del, el podio. Ésto es lo que para mí

Federico Martín Bahamontes

me ponía la carne de gallina gave me goose bumps

presumir menos *in effect:* has less to boast of with regard to

Severo Ochoa (1905–1993) the preeminent Spanish scientist of the 20th century, although he lived for many years in the United States and became a U.S. citizen in 1956. He shared a Nobel Prize with Arthur Kornberg in 1959.

Kornberg Arthur Kornberg (b. 1918), biochemist and physician who joined the faculty at Stanford University in 1959

biosíntesis llevada a cabo por los ácidos nucleicos Ochoa's Nobel was for his discovery of a bacterial enzyme that allowed him to synthesize ribonucleic acid (RNA), a material crucial to the cell's synthesis of proteins.

repudia a repudiates, refuses to acknowledge

insatisfecho de dissatisfied with

en cierto modo in some ways

puesto que given that

trascendencia significance

rehabilita restores the reputation of

buena voluntad goodwill

equilibrada balanced

propugnamos advocate

cerrarán el paso *in effect:* block access to

sobrante surplus

Guerra de Corea (1950–53) Initially a Cold War conflict between North and South Korea, the Korean War ended up involving 23 nations, including the United States.

bolsillos pockets

mano de obra manual labor

me ponía la carne de gallina, como se suele decir.

22 La dictadura franquista podrá **presumir menos** del Premio Nobel de Medicina que consigue el científico **Severo Ochoa**, junto a su colaborador **Kornberg**, por sus descubrimientos sobre **biosíntesis llevada a cabo por los ácidos**

Severo Ochoa

nucleicos. Severo Ochoa es republicano, **repudia a** Franco y ha desarrollado toda su labor fuera de España:

–Toda ella transcurrió en los Estados Unidos, en donde pasé 45 años de mi vida. No estoy **insatisfecho de** mi vida. Eh, creo que he hecho aquello que más me gustaba hacer, y que, **en cierto modo**, me ha acompañado la suerte, **puesto que** mis trabajos científicos, algunos de ellos, por lo menos, tuvieron cierta, ah, **trascendencia**.

1959 acaba con otro gesto que **rehabilita** al régimen franquista ante la comunidad internacional. El presidente de los Estados Unidos, Eisenhower, llega a España, donde Franco le ha preparado un recibimiento triunfal:

1959: President Eisenhower visits Madrid

–España quiere seguir manteniendo y aun reforzando las buenas relaciones de amistad que le unen a los Estados Unidos de América en el campo de la seguridad mutua, como en el económico, en el de educación y de cooperación científica. Con **buena voluntad** por ambas partes, esperamos encontrar una fórmula **equilibrada**, digna y actual que sirva de instrumento a esta relación de cooperación que los dos países **propugnamos**.

Por debajo queda la insatisfacción de los acuerdos bilaterales con Estados Unidos. Los norteamericanos **cerrarán el paso** de las bases a los españoles. La ayuda militar que envían es el material **sobrante** de la **Guerra de Corea**. Los **bolsillos** españoles siguen estando vacíos. La necesidad empuja a millones de familias a marcharse del país. Fuera de nuestras fronteras se requiere mucha **mano de obra** para la construcción, servicios y empleos peligrosos.

Viridiana This film, about a young nun raped by her uncle, was banned in Spain amid protests by the Vatican, notwithstanding the fact that it won the Palme d'Or at the 1961 Cannes film festival and that Franco's minister of culture had invited Buñuel back from Mexico with the promise he could make any film he wanted.

concede awards

Pese a Despite

trabas obstacles

se va abriendo camino is opening up a path for itself

Teatro Liceo de Barcelona The Liceu (to use its Catalan name), which opened in 1847, is the Catalonian capital's main opera house.

Montserrat Caballé (b. 1933) Catalonian diva, one of the 20th century's most celebrated sopranos. She has given almost 4,000 performances, including one at the opening ceremony at the Barcelona Olympics (1992).

Juan Carlos de Borbón (b. 1938) Juan Carlos Alfonso Victor María de Borbón y Borbón, grandson of the last reigning monarch, Alfonso XIII. Because a young Juan Carlos was groomed by Franco for the succession during the 1960s, he was initially unpopular in some quarters, but he quickly proved to be more than the Caudillo's puppet. His appointment of reformist Adolfo Suárez as prime minister in 1976 paved the way to democracy, while his firm handling of the 1981 attempted coup as head of the armed forces confirmed his commitment to the new (1978) constitution and dispelled lingering doubts about him. The first Spanish king to visit the Americas and the first crowned monarch to make an official visit to China, Juan Carlos has generally managed to keep public opinion on his side.

Sofía Daughter of King Paul and Queen Frederika of Greece, she married Juan Carlos in 1962.

se trasladarán a *here:* travel to

Atenas Athens

escalinata staircase, steps

raso blanco plateado silvery white satin

encaje lace

tul tulle

brillantes diamonds

Alteza Real Royal Highness

23 El director de cine Luis Buñuel, tras varios años trabajando en Estados Unidos y México, consigue permiso para regresar y rodar *Viridiana*. En 1961 el jurado del festival de Cannes le **concede** la Palma de Oro. La ovación del público es únanime. Sin embargo, el periódico oficial de El Vaticano publicó un artículo muy hostil contra la obra. Eso provocó su inmediata prohibición en España, acusada de tratar de modo "blasfemo" el catolicismo.

Luis Buñuel dirige una escena de *Viridiana*

Pese a las **trabas** de la política cultural del franquismo y su ambiente opresivo, la cultura **se va abriendo camino**. El 18 de enero de 1962, canta por primera vez en el **Teatro Liceo de Barcelona** la soprano **Montserrat Caballé**:

Casta diva…

1962: Prince Juan
Carlos marries
Sofia of Greece
in Athens

A mediados de mayo el príncipe **Juan Carlos de Borbón** contrae matrimonio con **Sofía**, hija de los reyes de Grecia. Los monárquicos españoles más convencidos **se**

Montserrat Caballé

trasladarán a la ciudad de **Atenas** para asistir a la ceremonia católica en la catedral de San Dionisio. Horas después se repetirá la boda por el rito ortodoxo en la basílica de Santa María:

–La Princesa sube la **escalinata** del brazo de su padre, el rey Pablo. Viste un traje de **raso blanco plateado**, recubierto de **encaje** y **tul**. El velo, que perteneció a la reina Federica, mide seis metros y medio, y va sujeto por una diadema de **brillantes**.

–¿… a su **Alteza Real**, la princesa Sofía de Grecia, por palabras de

Sí, quiero Yes, I do

año de arranque *in effect:* inaugural year

Concilio Vaticano II The Second Vatican Council (1962–65) is said to symbolize the arrival of the Catholic church in the modern world. Among its principal achievements were updating the liturgy and language of the Mass, recognizing the ecumenical movement, and reaffirming several long-standing Catholic doctrines, including transubstantiation.

plantea outlines; poses, expounds

jerarquía hierarchy

frenar *here:* curb

aires renovadores winds of change

cruzada crusade

"curas obreros" In a movement that began in France, "worker-priests" abandoned their clerical garb, went to live in working-class neighborhoods, and did manual labor in an attempt to experience the problems and hardships of the people there. Many of them argued that socioeconomic inequality is inconsistent with Christian teaching.

reivindican demand

distan mucho are far removed from

nacionalcatolicismo national Catholicism. Lacking a clear political ideology, the Franco regime used Roman Catholicism as a base on which to build national cohesion. Links between the Catholic church and the Francoists were strong, and after the Civil War, the former legitimized the latter. Thus, church and state in Spain were welded together.

pese a despite

Julián Grimau (1911–1963) The 1962 arrest of Grimau, a Communist, for presumed Civil War crimes and his execution the next year led to strong anti-Franco protests around the world.

importante miembro del Partido Comunista en la clandestinidad an important member of the underground Communist Party

pruebas evidence; proof

Manuel Santana (b. 1938) He won Wimbledon in 1966.

boquiabierto openmouthed

Manuel Benítez, *El Cordobés* (b. 1936[?]) one of the most popular *toreros*, with a crowd-pleasing bravura style

circense (*adjective*) circus

"salto de la rana" "leapfrog"

tuvo que ver más con had more to do with

aldeas costeras small coastal towns

brotaron como setas sprang up like mushrooms

urbanizaciones housing developments, housing estates

especuladores inmobiliarios property speculators

divisas currency

remozar rejuvenate

presente, como lo manda nuestra santa madre, la Iglesia Católica y Apostólica?

–**Sí, quiero.**

24 1962 es el **año de arranque** del **Concilio Vaticano II**. El papa Juan XXIII **plantea** una renovación de la Iglesia y la apertura a los nuevos tiempos. En España la **jerarquía** eclesiástica intenta **frenar** esos **aires renovadores**, convencida de participar en una **cruzada** al lado de Franco. Pero empiezan a aparecer los **"curas obreros"** y los movimientos católicos asociados con organizaciones políticas que **reivindican** el derecho a la huelga y la libertad de expresión, y que **distan mucho** del **nacionalcatolicismo**.

Pero Franco parece inmune a los cambios y sigue imponiéndose con sangre. El 20 de abril de 1963, **pese a** las peticiones de clemencia del Papa y del presidente de la URSS, Nikita Jruschov, manda ejecutar a **Julián Grimau, importante miembro del Partido Comunista en la clandestinidad** y que fue acusado de crímenes sin ningún tipo de **pruebas**.

1965 fue el año en el que el tenista **Manuel Santana** ganó el torneo de Wimbledon y los Beatles llegaron a España.

1963: Trial and execution of Julián Grimau

Llegaba la "beatelmanía" y un turismo cada vez más numeroso que se quedaba **boquiabierto** viendo en las plazas de toros a **Manuel Benítez,** *El Cordobés*, haciendo un **circense "salto de la rana"**. Su aparición fue un fenómeno social que **tuvo que ver más con** el escándalo y el mito del triunfador salido de la nada que con el toreo.

Poró, po, po…

España vendía sol y playa a precios muy bajos. En las **aldeas costeras brotaron como setas**

El Cordobés

grandes hoteles y **urbanizaciones**. Los **especuladores inmobiliarios** comenzaron a cimentar sus imperios y el Gobierno franquista, ávido de **divisas** extranjeras, aumentó la red de carreteras, reformó palacios y castillos y puso a sus técnicos a **remozar** la precaria industria turística.

se colocó *here:* was

Manuel Fraga Iribarne (b. 1922) Fraga's lengthy career in Spanish government is one of the 20th century's great political survival stories. He served as Franco's minister of information and tourism (1962–69), ambassador to Britain (1973–75), and vice president (1975–76). Since 1990, he has been president of the Xunta de Galicia. It is a little-known fact that Fraga accidentally shot Franco's daughter Nenuca in the buttocks on a hunting trip in 1964.

Euskadi Ta Askatasuna (*in Basque*) Basque Homeland and Liberty. Formed in 1959 to achieve an independent Basque state, ETA has killed more than 800 people, many of them civilians, and continues to attract disaffected Basque youths to its ranks. During Franco's dictatorship, by contrast, only 45 deaths were attributed to the organization.

imponen la tesis de la violencia *in effect:* lay down the law of violence

almanaque almanac

"La, la, la" Even by Eurovision standards, the lyrics of this song (which beat out the United Kingdom's entry, Cliff Richard's "Congratulations," for first place) are primitive.

larga melena long hair (*literally:* mane)

minifalda miniskirt

rezuma overflows with

afluencia (*false cognate*) influx

Al vent, / la cara al vent (*in Catalan*) To the wind, / My face to the wind

estado de excepción (= *estado de emergencia*) state of emergency

asesinatos assassinations; murders. The translation depends on your political perspective.

Raimón (b. 1940) Ramón Pelegero Sanchís, a member of the 1960s Nova Cançó movement that fostered a renaissance in Catalonian music under Franco

perseguida persecuted

Se ondean Flutter

se recaudan fondos funds are collected

detenidos under arrest

A mediados de In the middle of

Pardo Located 15 kilometers north of Madrid, El Pardo was Franco's residence and headquarters from 1940 to 1975.

trascendental of momentous significance

1966: Manuel
Fraga's Press
Law

Al frente de todas estas reformas **se colocó Manuel Fraga Iribarne**, ministro de Información y Turismo. Bajo su mandato se inventó un lema propagandístico que tenía dobles y triples lecturas: "España es diferente". **25** En el mes de marzo de 1967 la organización independentista vasca **Euskadi Ta Askatasuna**, ETA, organiza su V Asamblea. Los miembros más radicales se apoderan de la dirección, **imponen la tesis de la violencia** y ordenan intensificar la lucha armada contra el régimen franquista.

La vida sigue su curso y en el **almanaque** se cuela 1968, el año del **"La, la, la"**.

La, la, la…

Una joven de **larga melena** negra y **minifalda** llamada Massiel vence en el Festival de la Canción de Eurovisión, la economía española **rezuma** optimismo y presenta nuevos planes de desarrollo, la **afluencia** de turistas sigue aumentando, los príncipes Juan Carlos de Borbón y Sofía de Grecia posan con su tercer hijo, pero hay otra España descontenta:

**Al vent,
la cara al vent**…

En las provincias vascas se ha decretado el **estado de excepción** para reprimir la huelga general y los incidentes que se han ido extendiendo a otras regiones del país. ETA comete sus primeros **asesinatos**. El cantante valenciano **Raimón** canta en la Universidad Complutense de Madrid ante miles de estudiantes. Lo hace en catalán, lengua **perseguida** por el franquismo. **Se ondean** banderas comunistas y **se recaudan fondos** para ayudar a obreros y estudiantes **detenidos**.

A mediados de julio de 1969 algo altera la tranquilidad de los despachos del **Pardo**. Franco anuncia de forma inesperada que desea dirigir a las Cortes un mensaje **trascendental** para el futuro de la nación. Y lo será. El 22 de julio de 1969 las Cortes

1969: Juan
Carlos is
designated
as Franco's
successor

Raimón

a propuesta del Caudillo according to the Caudillo's proposal
heredero heir
atado tied [up]
a título de *in effect:* as
se cuela *in effect:* we find
el proceso de Burgos A key event symbolically, the Burgos trials were intended by Franco as a warning to the opposition, but in the end became a warning to the dictator himself.
contrarios al opposed to
tribunal court
bloqueo blockade
indultó pardoned
Mario Onaindía (1948–2003) Onaindía later became the general secretary of Euskadi Iraultzaraka Alderdia (Party of the Basque Revolution), founded in 1977.
más *here:* more so
huelga de hambre hunger strike
impresionantes *here:* terrifying
todo tipo de equilibrios all kinds of balancing acts; *todo tipo de* = all kinds of
libertad de prensa freedom of the press
Ley de Prensa The 1966 Ley de Prensa e Imprenta (Press and Printing Law) was presented by Manuel Fraga as an endorsement of more liberal policies. Effectively, it made editors responsible for censoring their own publications.
no afines al *in effect:* with ideas in opposition to those of
perfectivo *here:* ongoing
hito milestone

franquistas, **a propuesta del Caudillo**, eligen a don Juan Carlos de Borbón como su **heredero**. Así lo comunicó Franco:

–Todo ha quedado **atado** y bien atado, con mi propuesta y la aprobación por las Cortes de la designación como

Franco y el príncipe Juan Carlos saludan desde el Palacio de Oriente

sucesor, **a título de** Rey, del príncipe don Juan Carlos de Borbón.

1970: Burgos trial of ETA members

26 En las primeras páginas de la prensa internacional **se cuela el proceso de Burgos**. El Estado español juzga a miembros de la organización terrorista ETA y otros grupos **contrarios al** régimen. También hay procesados dos sacerdotes. Pese a las presiones internacionales, el 28 de diciembre de 1970 el **tribunal** dicta nueve sentencias de muerte. Franco, que no deseaba un nuevo **bloqueo** internacional, **indultó** a los condenados dos días después. **Mario Onaindía**, uno de los procesados, recuerda los pensamientos que le martirizaban aquellos días:

–Fue una enorme sensación de impotencia, y **más** por nuestra parte, bueno, por mi parte y los que estábamos en la cárcel de, de Córdoba, porque inmediatamente de conocer esta noticia, nos declaramos en **huelga de hambre**, y nos encerraron en unas celdas de, de castigo, pues, **impresionantes**, con unas ratas enormes, pero, sobre todo porque estabas convencido de que nos iban a matar.

En 1971 el diario *Madrid*, que hasta entonces había realizado **todo tipo de equilibrios** para ejercer la **libertad de prensa** sin ser sancionado, fue cerrado. Dos años después dinamitarían su edificio. El ministro de Información, Manuel Fraga, había sido el redactor de una **Ley de Prensa** que, aparentemente, abría una puerta a la libertad, pero que en el fondo se reservaba la facultad de castigar y cerrar los medios de comunicación **no afines al** régimen. Manuel Fraga:

–Son todos estos campos concretos de acción, dentro del gran proceso **perfectivo** de nuestra acción general de nuestra información, que, Dios mediante, como digo, tendrá pronto un **hito** trascendente en esta etapa

1959–1975
GLOSARIO Y NOTAS

Narciso Ibáñez Serrador Several of Spanish television's biggest successes can be credited to the seemingly unfailing commercial instincts of Ibáñez Serrador, born in Uruguay in 1935.

cuotas de audiencia share of the audience

seguía sumando continued to collect

a bordo de on (*literally:* on board)

El discreto encanto de la burguesía (original title *Le charme discret de la bourgeoisie* [1972]), Buñuel's surreal study of a middle-class dinner party

cede gives way

Luis Ocaña (1945–1994) This brilliant cyclist was plagued by such misfortune that he eventually took his own life.

violonchelista Pau Casals (1876–1973) cellist, composer, orchestra director, and humanitarian. Casals, one of Spain's most influential 20th-century musicians, was awarded a posthumous Grammy for lifetime achievement in 1989.

Johan Cruyff (b. 1947) Achieving prominence both as a player for Barcelona and as the club's manager, Cruyff is probably the most important non-Hispanic to play soccer in Spain.

Luis Carrero Blanco (1903–1973) Carrero Blanco was Franco's long-time right-hand man and, in 1973, the first person to whom the dictator was prepared to cede the position of prime minister.

impulsor del driving force behind

ceder terreno a conceding ground to

puso en marcha *here:* put in motion

"Operación Ogro" Operation Ogre

volar por los aires fly through the air. The car was thrown several stories high, coming to rest on the interior patio of a building in Madrid's calle Claudio Coello.

legislativa con la posible aprobación por las Cortes españolas del proyecto de Ley de Prensa e Imprenta.

La dictadura se sentía más cómoda con los programas de entretenimiento de Televisión Española, como el concurso *Un, dos, tres*, dirigido por **Narciso Ibáñez Serrador**, que alcanzó altísimas **cuotas de audiencia**:

Un, dos, tres.
Aquí estamos con usted otra vez…

Los héroes deportivos de 1972 fueron Paquito Fernández Ochoa, medalla de oro de esquí en las Olimpiadas de Sapporo, y Ángel Nieto, que **seguía sumando** títulos mundiales en los circuitos de carreras **a bordo de** una moto española, la Derbi.

27 En 1973 Luis Buñuel consigue el Oscar a la mejor película extranjera por *El discreto encanto de la burguesía*. La cinta ha sido rodada en

Francia, porque el Gobierno español le prohíbe trabajar en su país. España **cede** ante los intereses económicos e inicia relaciones diplomáticas con la China comunista de Mao. El ciclista **Luis Ocaña** gana el Tour de Francia. Mueren el pintor Pablo Picasso y el **violonchelista**

Pablo Picasso

Pau Casals

Pau Casals, dos genios que se opusieron siempre a la dictadura franquista.

El holandés **Johann Cruyff**, mejor futbolista del mundo, ficha por el Barcelona. Y Franco renuncia por primera vez a la presidencia del Gobierno, cargo que ocupará uno de sus más fieles colaboradores, el almirante **Luis Carrero Blanco**. Era un político autoritario, un católico conservador, próximo a los tecnócratas, **impulsor del** desarrollo económico, enemigo de los sectores falangistas y contrario a **ceder terreno a** las libertades. Sólo llevaba seis meses en el cargo cuando un comando de ETA **puso en marcha** la "Operación Ogro". Los terroristas hicieron **volar por los aires** el coche oficial en que viajaba. A continuación vamos a escuchar una dramatización de lo ocurrido aquel día:

le ha cogido la explosión de lleno received the full force of the explosion

azotea terrace roof

Adelante *here:* Come in

Carlos Arias Navarro (1908–1989) prime minister between 1973 and 1976, following the assassination of Carrero Blanco and prior to the nomination of Adolfo Suárez. Juan Carlos I kept Arias Navarro on briefly as prime minister after Franco's death, but their personal and political differences soon led to his removal.

propicio propitious

escasas minorías disolventes o perturbadoras *in effect:* few destructive or disruptive minority groups

giro aperturista *in effect:* a move in a more progressive direction

Comisiones Obreras Workers' Commissions. The CC.OO began as a clandestine movement during the Asturian miners' mobilizations in 1958, and were not legalized until 1977.

Marcelino Camacho (b. 1918) Considered the outstanding trade-union leader of the second half of the century, Camacho was jailed on three occasions in the 1960s and '70s.

Nicolás Sartorius lawyer and founder, with Camacho, of Comisiones Obreras

internado *in effect:* hospitalized (*literally:* admitted)

aquejado de flebitis suffering from phlebitis (inflammation of a vein)

Luis Carrero Blanco

–Según nos informan, aquí también en el lugar del suceso, dicen que un coche, que **le ha cogido la explosión de lleno** y que lo ha subido hasta la **azotea**.

– Bien, Miguel. Recibido. **Adelante** K.20, adelante.

–Vamos a ver, parece que el coche que hay en el tejado es el del presidente del Gobierno y parece ser que está muerto.

Carrero Blanco será sustituido por **Carlos Arias Navarro**. El 12 de febrero de 1974, ante las Cortes del Reino, se dirige al país:

1973: Prime Minister Carrero Blanco is assassinated by ETA; Arias Navarro is appointed to succeed him

–Pero el momento es **propicio**, porque España cuenta en estos instantes con una sociedad mayoritariamente sana, culta y desarrollada, sin prejuicios, y con **escasas minorías disolventes o perturbadoras**.

El nuevo presidente promete un **giro aperturista**. Habla de la creación de asociaciones políticas y sindicatos. Pero muchos dirigentes de **Comisiones Obreras**, como **Marcelino Camacho** o **Nicolás Sartorius**, han sido procesados y condenados a varios años de cárcel.

28 Mi querida España,
  esta España mía,
  esta España nuestra…

Ese mismo mes de julio, Franco es **internado** en una residencia sanitaria **aquejado de flebitis**. Delega momentáneamente los poderes en el príncipe Juan Carlos. El Caudillo no tardará en reasumir el mando, pero los partidos políticos ya han

1974: Franco, seriously ill, hands over power temporarily to Juan Carlos

Lugar del atentado de ETA que costó la vida de Carrero Blanco

transición The transition from dictatorship to democracy, explained in detail on CD 3, is one of the great triumphs in Spanish political history.

Santiago Carrillo (b. 1915) Carrillo, usually seen puffing on a cigarette, joined the Spanish Communist Party in 1936 and was its secretary-general, largely in exile, from 1960 to 1982. A crucial figure in the *transición*, Carrillo helped draft the 1978 constitution.

plasmado en la Junta Democrática in the form of the Democratic Alliance, a Carrillo initiative that brought together the PCE, the CC.OO, and other smaller groups

Partido Socialista Obrero Español (PSOE) Spanish Socialist Workers' Party, founded in 1879 and the governing party in Spain from 1982 to 1996

emergente up-and-coming, emerging

Felípe González (b. 1942) Spanish statesman and prime minister (1982–96), born in Seville. He joined the PSOE, then an illegal organization, in 1964. As secretary-general of the party from 1974 to 1997, he moved it toward the political center, and in the 1982 elections the PSOE became Spain's first left-wing administration since 1936. González served four consecutive terms of office. The scandals that plagued the end of the PSOE mandate may have permanently damaged his reputation.

renueva sus cúpulas reaffirms its leadership

Suresnes a western suburb of Paris. At the Suresnes congress, Felipe González was elected secretary-general of the PSOE.

Juan Martínez Cobo along with his brother Carlos, a key figure in the PSOE's renewal

pulsar gauge

envío de la dirección de manera total sending the whole of the leadership

fomentan encourage

escisión *here:* removal

templados milder, less radical

democristiano Christian Democrat

Presiento I have a feeling that

consejo de guerra court-martial

penas de muerte death sentences

FRAP, Frente Revolucionario Antifascista y Patriótico The left-wing Anti-Fascist and Patriotic Revolutionary Front was responsible for the deaths of several members of the security forces in 1973 and 1974.

llamados a consulta recalled for consultation

Concentraciones Assemblies, Gatherings

Plaza de Oriente Tens of thousands of people would regularly gather in the Plaza de Oriente, in the center of Madrid, to hear Franco speak from a balcony of the royal palace. Hard-line right-wingers still gather there every year on November 20, the date of the Caudillo's death.

conspiración masónica izquierdista left-wing Masonic conspiracy. Franco's loathing of Freemasonry, which he banned in 1940 along with other secret societies, perhaps even surpassed his abhorrence of communism.

contubernio conspiracy

envilece degrades

Felipe González

comenzado a preparar la **transición** en el exilio. **Santiago Carrillo**, líder del Partido Comunista, plantea un movimiento unido **plasmado en la Junta Democrática**. El **Partido Socialista Obrero Español**, con un **emergente Felipe González**, **renueva sus cúpulas** y sus objetivos en el Congreso celebrado en la ciudad francesa de **Suresnes**. El presidente de aquel Congreso, **Juan Martínez Cobo**, llegaba con la siguiente misión:

–Teníamos nosotros que **pulsar** el ambiente, era nuestro mandato, de la, del **envío de la dirección de manera total** a España, o de seguir como estábamos, con una parte de la dirección fuera. Entonces, no hubo grandes problemas, digamos, para que Felipe González fuese Secretario General.

Los movimientos subterráneos de los partidos políticos refuerzan el inmovilismo del núcleo de la dictadura y **fomentan** la **escisión** de los sectores más **templados**, como el **democristiano**. La muerte de Franco está cerca, pero todavía le queda un último y macabro acto que representar.

Presiento que tras la noche…

1975: Five ETA and FRAP members are executed; Arias Navarro is confirmed as prime minister

El 18 de septiembre de 1975 un **consejo de guerra** sumarísimo dicta cinco **penas de muerte** contra miembros del grupo ultra izquierdista **FRAP, Frente Revolucionario Antifascista y Patriótico**, y contra integrantes de ETA. El 27 de septiembre los pelotones de fusilamiento cumplen la orden. Varios embajadores son **llamados a consulta** como señal de protesta. **Concentraciones** en todo el mundo inician una campaña de desprestigio. Franco responde como lo hacía siempre, reuniendo a sus fieles en la **Plaza de Oriente**:

–Todo lo que en España y en Europa se ha arma[d]o obedece a una **conspiración masónica izquierdista** de la clase política, un **contubernio**, un contubernio, con la asociación comunista terrorista en lo social. Lo que a nosotros nos honra, a ellos les **envilece**.

resfriado cold, chill

infarto heart attack

testamento político political testament, will

recaídas relapses

una larguísima agonía a prolonged death agony

rey Hasan II (1929–1999) king of Morocco (1961–99), a principal figure in the creation of the Moroccan state after it was granted independence in 1956

descrédito discredit

Marcha Verde The Green March was a civil march organized in 1975 by Hassan II's government. Its aim was to occupy Spanish Sahara (now Western Sahara) peacefully.

civiles desarmados unarmed civilians

se encaminan set off for

la provincia española del Sahara Now a territory known as Western Sahara, this politically volatile former Spanish province in northwest Africa has been under Moroccan rule since 1979.

enarbolando carrying

se le realiza a Franco una última intervención quirúrgica Franco underwent surgery for the last time

parte médico medical report

Españoles, Franco ha muerto Perhaps the most famous line uttered in Spain during the 20th century, Arias Navarro's announcement left few people indifferent.

de excepción exceptional

exigente exacting

entregado *here:* dedicated

29 Era el 1 de octubre de 1975. A Franco le queda poco más de un mes de vida. Las complicaciones médicas comenzaron con un supuesto **resfriado** que pasó días después a ser un **infarto**. El Caudillo redacta su **testamento político** el 15 de octubre. A partir de entonces se suceden una serie de repercusiones y **recaídas** que irán acompañadas de tres operaciones y **una larguísima agonía**.

Mientras tanto, el **rey Hasan II** de Marruecos, aprovechando la confusa situación de espera y el **descrédito** internacional de España tras las ejecuciones de septiembre, organiza la **Marcha Verde**. 300.000 **civiles desarmados se encaminan** hacia **la provincia española del Sahara enarbolando** banderas marroquíes.

El 14 de noviembre, **se le realiza a Franco una última intervención quirúrgica**. Sus colaboradores más directos parecen resistirse a aceptar la evidencia. A las cinco y 25 minutos de la madrugada del 20 de noviembre se facilita un último **parte médico**. El presidente del Gobierno, Arias Navarro, lee un comunicado oficial dirigido a la nación:

1975: Franco dies

–**Españoles, Franco ha muerto**. El hombre **de excepción**, que ante Dios y ante la historia asumió la inmensa responsabilidad del más **exigente** y sacrificado servicio a España, ha **entregado** su vida, quemada día a día, hora a hora, en el cumplimiento de una misión trascendental.

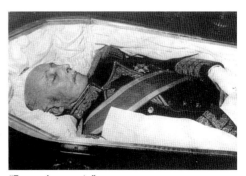

"Franco ha muerto"

lúgubre somber
complejos laberintos complex labyrinths
despertar awakening
papel role
se está forjando is being forged
diversa índole varied kinds
se efectuó was carried out; took place

FINAL DE LA SEGUNDA PARTE

30 Así, con el **lúgubre** anuncio de la muerte de Franco, finaliza el segundo volumen de *Voces de España*, presentado por Ángeles Afuera y Miguel Ángel Nieto. La tercera y última entrega de *Voces de España* describe una de las épocas más brillantes del siglo XX español. Va desde el día después de la muerte de Franco, pasando por los **complejos laberintos** de la transición política de la dictadura a la democracia, y relata la incorporación de España a la Comunidad Europea y su **despertar** como nación moderna en busca de un claro y merecido **papel** en el nuevo orden mundial que **se está forjando** a comienzos del siglo XXI. Pero es la historia también de muchos otros triunfos españoles en escenarios de la más **diversa índole**. Para saber cómo **se efectuó** esta transformación en tan poco tiempo, escuchen la tercera parte de *Voces de España*, la historia del siglo XX español contada en las voces de sus protagonistas.

abarca covers
etapas stages
cuento de hadas fairy tale
paria pariah
boyantes *here:* prosperous
tuvo lugar took place
arriesgado hazardous; daring
envidia envy
deshacerse get rid of
peso muerto dead weight
anquilosa paralyzes
bienestar well-being
envergadura importance
reveses setbacks
herida wound
en lo que se refiere a la política y a la economía as far as politics and the economy are
    concerned
destacando standing out

CD3
INTRODUCCIÓN A LA TERCERA PARTE

1 Bienvenidos a la tercera y última parte de *Voces de España*, la historia del siglo XX español contada en las voces de sus protagonistas. Este capítulo **abarca** una de las **etapas** más importantes de la historia de España reciente: desde la muerte de Franco, a finales de 1975, hasta el fin de siglo. Un periodo relativamente breve. Es la historia de un **cuento de hadas** político y económico que ha llevado a España de ser el **paria** del Continente a transformarse en uno de los miembros más activos y **boyantes** de la Unión Europea. Primero **tuvo lugar** la transición política de la dictadura a la democracia, un brillante éxito, aunque **arriesgado**, que ha provocado la **envidia** de muchos países que ahora quieren **deshacerse** del **peso muerto** de un pasado político que los **anquilosa**. Después se produjo el tránsito a la modernidad y al **bienestar** económico, la incorporación a la Unión Europea y la organización de acontecimientos de gran **envergadura** internacional, como han sido la celebración en Madrid de la Conferencia de Paz de Oriente Medio, los Juegos Olímpicos de Barcelona y la Expo de Sevilla. Ha habido, sin embargo, **reveses**. Algunos de ellos muy serios. Por ejemplo, aún persiste el problema del terrorismo vasco, una profunda **herida** en la sociedad española. Pero el balance de este período es decididamente positivo, y no sólo **en lo que se refiere a la política y a la economía**. Los españoles de todas las tendencias están **destacando** como nunca antes había ocurrido y consiguen el reconocimiento internacional en muchas y diferentes áreas. España ha vuelto a ser otra vez una nación de gente que cuenta. Ésta es la historia de España del último cuarto del siglo XX. Escuchen la tercera y última parte de *Voces de España*, presentado por Ángeles Afuera y Miguel Ángel Nieto.

¿Juráis...? Do you swear...?

Lo juro I swear

enterrado buried

Valle de los Caídos Valley of the Fallen, an underground church and tomb, surmounted by a 500-foot-high cross, built by Franco in the 1940s and '50s to commemorate the Civil War dead. Many Republican prisoners died constructing it.

Hugo Bánzer (1921–2002) right-winger who was twice president of Bolivia (1971–78 and 1997–2001)

Pinochet (b. 1915) Augusto Pinochet led the military junta that overthrew the Chilean government of President Salvador Allende in 1973. He headed Chile's military government from 1974 to 1990.

Rainiero de Mónaco (b. 1923) Ruler of Monaco since 1949, the prince is also the widower of American actress Grace Kelly.

Giscard d'Estaing (b. 1926) Valéry Giscard d'Estaing was president of France from 1974 to 1981; since then he has held senior positions in a variety of European institutions. He most recently chaired the special EU convention charged with drafting a European constitution.

Nelson Rockefeller (1908–1979) U.S. statesman and Republican vice-president from 1974 to 1977

Se ha habilitado una tumba A tomb has been made ready

losa tombstone

puestas placed

herederos políticos political heirs

sepelio burial

vivas cheers

Cortes españolas Spanish parliament

manifestamos we declare

procuradores members [of the Spanish Parliament under Franco]

consejeros councillors [of the Realm]

papel role

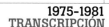
1975-1981

2 –¿**Juráis** que el cuerpo que contiene la presente caja es el de su excelencia el jefe del Estado y generalísimo de los ejércitos don Francisco Franco Bahamonde?

–Sí lo es. **Lo juro**.

–Sí lo es. Lo juro.

–Sí lo es. Lo juro.

El 23 de noviembre de 1975 Franco es **enterrado** en el **Valle de los Caídos**. A la ceremonia asisten más de 50.000 personas, y personalidades como **Hugo Bánzer**, **Pinochet**, **Rainiero de Mónaco**, **Giscard d'Estaing** y **Nelson Rockefeller**. **Se ha habilitado una tumba** junto a los restos de José Antonio Primo de Rivera. Una **losa** de 1.500 kilos sellará eternamente 39 años de dictadura.

Muerto Franco, las esperanzas del cambio hacia la democracia están **puestas** en sus **herederos políticos**. Un día antes del **sepelio** el príncipe de España, Juan Carlos de Borbón, es proclamado Rey. El presidente de las Cortes franquistas, Alejandro Rodríguez Valcárcel, irrumpe en grandes **vivas** al final del acto.

–En nombre de las **Cortes españolas** y del Consejo del Reino **manifestamos** a la nación española que queda proclamado Rey de España don Juan Carlos de Borbón y Borbón, que reinará con el nombre de Juan Carlos I. Señores **procuradores**, señores **consejeros**, desde la emoción en el recuerdo a Franco, ¡viva el Rey!

–¡Viva!

–¡Viva España!

–¡Viva!

El **papel** de Juan Carlos I fue decisivo. Reinaba en un país dividido, sobre las bases de unas instituciones impuestas por Franco. Sabía que las reformas democráticas

1975: Juan Carlos is proclaimed king

Juan Carlos I

Juan Carlos jura las leyes y es proclamado Rey

un paso mal dado one false step
en pie de guerra on a war footing; at war
cuarteles military barracks
Sin embargo Nevertheless
asegurado assured
lleve las riendas will take charge of
Adolfo Suárez (b. 1932) Prime minister from 1976 to 1981, Suárez, the deputy secretary-general of the Movimiento under Franco, later became one of the luminaries of the *transición* as leader of the Unión de Centro Democrático (UCD). He retired from politics in 1991.
quinielas *in effect*: political reckoning
legalización de los partidos politicos The last party to be legalized was the Partido Comunista de España, led by Santiago Carrillo, in 1977. It won 20 seats out of 350. The other parties to compete in the June 1977 elections were the Unión de Centro Democrático (UCD), under Adolfo Suárez, with 165 seats; the Partido Socialista Obrero Español (PSOE), led by Felipe González, 118 seats; Manuel Fraga's Alianza Popular (AP), 16; Pacte Democràtic per Catalunya (PDC), 11; and the Partido Nacionalista Vasco (PNV), with eight seats.
hemos de convenir *in effect:* we must agree
Nos empeñaríamos en una ceguera *in effect:* we'd be choosing to be blind
voluntad de apertura desire for openness, for liberalization
compromiso commitment
medida de peso really important measure
perseguidos persecuted
peluca wig

eran imprescindibles e inaplazables, pero también era consciente de que **un paso mal dado** podía poner **en pie de guerra** a los **cuarteles**.

3 A comienzos de 1976 empiezan a darse los primeros pasos hacia la democracia. El 25 de enero se celebran elecciones municipales por primera vez desde el final de la Guerra Civil. **Sin embargo**, el futuro no está **asegurado**. Los fieles al antiguo régimen todavía se resisten a los cambios.

1976: Arias Navarro resigns; Adolfo Suárez is appointed prime minister

El Rey está descontento y se siente incómodo con el jefe del Gobierno Arias Navarro, que no quiere desmarcarse de la dictadura. Por eso busca un nuevo hombre que **lleve las riendas** de la transición democrática. Ese hombre será **Adolfo Suárez**, un joven político que contaba poco en las **quinielas** e inspiraba muchas dudas. El 3 de julio de 1976 fue nombrado presidente del Gobierno. Sería el hombre clave, el arquitecto político encargado de conseguir el consenso constitucional en un ambiente de tensa paz y la **legalización de los partidos políticos**.

Adolfo Suárez

–Si contemplamos la realidad nacional con una mínima sinceridad, **hemos de convenir** que además de ese pluralismo teórico existen ya fuerzas organizadas. **Nos empeñaríamos en una ceguera** absurda si nos negásemos a verlo. Esas fuerzas, llámense partidos o no, existen como hecho público. Si atendemos por ello a la realidad social, a la **voluntad de apertura** de nuestra Constitución y al **compromiso** de la Corona, que hacemos nuestro, de abrir las instituciones a la voluntad de las mayorías, la tarea de organi-, de ordenar la presencia de las agrupaciones políticas parece el gran compromiso de nuestro tiempo.

1976: Government grants partial amnesty

4 La primera **medida de peso** que hace efectiva el Gobierno de Suárez será la amnistía. El verano de 1976 miles de presos políticos **perseguidos** por el régimen anterior fueron liberados. Sin embargo, el Partido Comunista de España seguía perseguido. Ese invierno su secretario general, Santiago Carrillo, fue detenido en un acto clandestino y reconocido como tal, a pesar de la **peluca** que llevaba para ocultar su

1975-1981
GLOSARIO Y NOTAS

rondaron su cabeza were going around in his head

odio hatred

no tiene (…) más remedio you have no choice

mire usted you see

referéndum de la Ley de Reforma Política del Estado The Political Reform Act, which provided for general elections, was passed in September 1976 and ratified by referendum in December.

no sólo de política vive el hombre man doesn't live by politics alone

velo veil

desnudos integrales total nudity

quioscos newsstands, kiosks

Interviú Launched in May 1976, this weekly magazine is a survivor of the *cultura del destape* (see entry below). At one time selling an average of 700,000 copies an issue, it combines, in a particularly Spanish manner, serious reporting with soft pornography.

Marisol (Pepa Flores, b. 1948) child actress and film star. When she married dancer Antonio Gades, Fidel Castro was best man.

encantos charms

cultura del destape *in effect:* culture of permissiveness

Al calor de *in effect:* Under the wing of

retazos bits, pieces

Avui Founded in 1976, *Avui* ("Today") is the only Catalan-language daily available throughout Catalonia.

El País Spain's leading daily newspaper began publishing in 1976 and immediately championed the new, liberal values that emerged after years of repression.

salida launch

a fondo thoroughly

medios means

no todos piensan igual not everyone thinks the same way

tirada *here:* editions

golpe blow

abogados laboralistas labor lawyers

madrileña Madrid (*adjective*)

mal heridas badly wounded

nos pusieron de pie they made us stand up

cualquier otro someone else

identidad. Años después Carrillo recordó las sensaciones y sentimientos que **rondaron su cabeza** aquel día:

–Se siente todo el **odio** que hay todavía en, en, en España en, en ciertos sectores a los que hemos defendido la República. Y uno, pues, lo soporta porque **no tiene más reme-, más remedio**. Pues, **mire usted**, se siente, para empezar, una impotencia, eh, que te provoca una indignación terrible, no…

1976: New Law of Political Reform is overwhelmingly endorsed in a referendum

El año 1976 se cierra con el **referéndum de la Ley de Reforma Política del Estado**. Casi el 95% de los españoles vota a favor de una transición sin ruptura. Pero **no sólo de política vive el hombre**.

Por aquel entonces, ya caído el **velo** de la censura, se dejan ver en las pantallas de cine y en las revistas los primeros **desnudos integrales**. En los **quioscos** se agotaron todos los números de *Interviú* cuando *Marisol* aparece en su portada mostrando al descubierto todos sus **encantos**. La **cultura del destape** no ha hecho más que comenzar.

5 Al calor de estos **retazos** de libertad nacen también nuevos diarios como el *Avui*, primer periódico en catalán publicado después de la Guerra Civil, y *El País*, que en la actualidad se ha convertido en el diario más leído en España. Así se anunció su **salida** a la calle durante aquellos días:

–Hacer *El País* no es fácil. Ha tardado años en prepararse, **a fondo**. Ha tenido que reunir hombres y **medios**. Y ahora sí. *El País* empieza mañana. Hacer *El País* no es fácil, porque en *El País* **no todos piensan igual**. *El País*, diario independiente de la mañana.

Estos diarios buscarán desde su primera **tirada** la independencia y la participación en la sociedad democrática.

1977 se abre con un trágico **golpe** para los demócratas. El 24 de enero, a las diez y media de la noche, cuatro jóvenes ultraderechistas penetran en un despacho de **abogados laboralistas** ubicado en el número 55 de la **madrileña** calle Atocha. Matan a cinco personas y dejan **mal heridas** a otras cuatro. Luis Ramos, uno de los supervivientes lo relataba así:

–No estábamos en absoluto convencidos de que nos fuese a pasar algo parecido. Y luego, pues, entraron, **nos pusieron de pie**, nos dispararon. Realmente, parece como si no te estuviese pasando a ti, sino a **cualquier otro**.

1975–1981
GLOSARIO Y NOTAS

Sábado Santo Holy Saturday, the day before Easter
difundió broadcast
Ministerio de la Gobernación Department of the Interior
trascendencia significance
don Juan de Borbón y Battenberg (1913–1993) Son of Alfonso XIII and father of Juan Carlos I, he was the head of the Spanish royal house from 1941 to 1977, at which point he renounced his claim in favor of his son.
cedió *here:* surrendered
derechos dinásticos dynastic rights
hijo y heredero son and heir
singladuras *here:* days
aquiescencia *here:* acceptance
legado histórico historical legacy
Conde de Barcelona Don Juan adopted this title on the death of his father, Alfonso XIII.
se celebran are held
tuyo es el mañana tomorrow is yours

El **Sábado Santo** del 77 otra noticia sorprendía a los españoles, hasta el punto de que el periodista, Alejo García, que la **difundió** por los micrófonos de Radio Nacional de España, no terminaba de digerirla.

–Señoras y señores, hace unos momentos fuentes autorizadas del **Ministerio de la Gobernación** han confirmado que el Partido Comunista…, perdón, que el Partido Comunista de España ha quedado legalizado.

1977: Communist Party is legalized; Don Juan renounces his claim to the throne

6   Los acontecimientos políticos de enorme **trascendencia** se sucedían de forma acelerada. El 14 de mayo **don Juan de Borbón y Battenberg**, al que Franco había negado su derecho natural a heredar la Corona, **cedió** sus **derechos dinásticos** a su hijo don Juan Carlos.

Los Condes de Barcelona y su hijo, Juan Carlos

–Instaurada y consolidada la Monarquía en la persona de mi **hijo y heredero** don Juan Carlos, que en las primeras **singladuras** de su reinado ha encontrado la **aquiescencia** popular claramente manifestada y que en el orden internacional abre nuevos caminos para la Patria, creo llegado el momento de entregado, de entregarle el **legado histórico** que heredé y, en consecuencia, ofrezco a mi Patria la renuncia de los derechos históricos de la Monarquía española, sus títulos, privilegios y la jefatura de la familia y Casa Real de España, que recibí de mi padre, el rey Alfonso XIII, deseando conservar para mí y usar como hasta ahora el título de **Conde de Barcelona**.

Retrato de Alfonso XIII

El 15 de junio de 1977 **se celebran** las primeras elecciones generales democráticas.

Habla pueblo, habla,
tuyo es el mañana…

desacostumbrados a la tramoya electoral unaccustomed to the machinery of elections

siglas *here:* acronyms. The main parties were UCD, PSOE, PCE, AP, PDC, and PNV.

UCD The Unión de Centro Democrático, established in 1977, was a centrist coalition composed of groups that had formed the moderate opposition to Franco.

se configura emerges, takes shape

jornada electoral election day

Tras After

reivindican demand

Josep Tarradellas (1899–1988) president of the Generalitat de Cataluña (Catalonian government) in exile from 1954 to 1977, and the provisional Generalitat from 1977 to 1980.

Generalitat the institution that governs the autonomous community of Catalonia. It dates from the 14th century.

Ja sòc aquí per treballar [per] vosaltres, per una Catalunya pròspera, democràtica i plena de llibertat. (*in Catalan*) I am here to work for you, for a prosperous, democratic, and completely free Catalonia. The expression *Ja sòc aquí* is particularly associated with Tarradellas.

Pactos de la Moncloa a series of 1977 agreements (taking their name from the Palacio de la Moncloa, the prime minister's official residence in Madrid) that were signed by representatives of the recently elected parties and constituted a tripartite consensus. Initially intended as an economic measure, the pacts also had far-reaching political implications and were a crucial step toward establishing democracy.

incipientes fledgling

hueco de honor place of honor

Vicente Aleixandre (1898–1984) Seville-born poet whose collected poems, *Mis poemas mejores* (1956), established his reputation. Spanish lyricists were greatly inspired by his work after World War II.

¿Que llevas la frente cubierta de sudores,/con espinas, con polvo, con amargura, sin amor, sin mañana? So your forehead is covered with sweat, with thorns, with dust, with bitterness, without love, without tomorrow?

Falta poco It's not much farther. The passage is from the poem "Ten esperanza" in the collection *Historia del corazón* (1954).

novedades *in effect:* changes

1977: First democratic elections since 1936 are won by Adolfo Suárez and UCD; autonomous government is reestablished in Catalonia; Josep Tarradellas returns to Spain as new Catalan president; Pacts of Moncloa are signed

Los españoles, **desacostumbrados a la tramoya electoral**, tienen que elegir entre una multitud de **siglas** políticas. Las elecciones las gana Unión de Centro Democrático, **UCD,** de Adolfo Suárez, con más del 34% de los votos. El Partido Socialista **se configura** como la segunda fuerza política y el Partido Comunista como la tercera. Pero la sorpresa de la **jornada electoral** la protagonizan los partidos nacionalistas, que consiguen un fuerte apoyo de los ciudadanos.

Catalunya trionfant…

Tras las elecciones, miles de personas salen a las calles de Cataluña, el País Vasco y Galicia para reclamar el autogobierno. Las regiones históricas de España **reivindican** un estatuto de autonomía. La primera en conseguirlo será Cataluña. El 24 de octubre de 1977 **Josep Tarradellas**, presidente de la **Generalitat** en el exilio, regresa a Barcelona y asomado a un balcón saluda a la multitud que lo aclama:

–**Ja sòc aquí per treballar [per] vosaltres, per una Catalunya pròspera, democràtica i plena de llibertat.**

7 En otoño de 1977 se firman los **Pactos de la Moncloa,** que buscan el consenso de Gobierno y oposición para avanzar unidos hacia la modernización del país, sobre todo en temas económicos. Con el tiempo, esos pactos han sido adoptados como modelo de transición a seguir por las **incipientes** democracias de países de todo el mundo.

El año 1977 también hizo un **hueco de honor** a la literatura. El poeta, **Vicente Aleixandre**, autor de obras como *Espadas como labios* y *La destrucción o el amor*, fue galardonado con el Premio Nobel de Literatura.

Siéntate. No mires hacia atrás.
¡Adelante!
Adelante. Levántate. Un poco más. Es la vida.
Es el camino. **¿Que llevas la frente cubierta de sudores, con espinas, con polvo, con amargura, sin amor, sin mañana?**
Sigue, sigue subiendo. **Falta poco.** Oh, qué joven eres.

Autonomía de Catalunya

Autonomía del País Vasco

Con el año 1978 llegan algunas **novedades** decisivas. A partir de entonces los españoles serán responsables ante la ley con 18 años. Todos, hombres y mujeres por igual, algo que no sucedía con Franco. Muchos de

1978: Age of majority is established at 18

mayores recién estrenados *in effect:* first-time adults, newly minted adults
urnas ballot boxes, polls
mayoría relativa relative majority
escaso *here:* slim
corrillos small groups, circles
estaban de enhorabuena had reason to celebrate
Jorge Luis Borges (1899–1986) Argentinean poet, essayist, and writer of short stories whose brilliant works, rich in fantasy and allegory, are often vehicles for philosophical themes
El general Quiroga (...) un valor desvelado Alastair Reid's fine translation of this poem can be found in *Jorge Luis Borges: Selected Poems 1923–1967*, published in 2000 by Penguin. Borges's grandfather was a principal figure in the civil wars that led to the creation of Argentina, wars that were a source of fascination to the writer.
ETA Euskadi Ta Azkatasuna ("Basque Homeland and Liberty" in the Basque language). Formed in 1959 to achieve an independent Basque state, ETA has killed more than 800 people, many of them civilians.
GRAPO Grupos de Resistencia Antifascista Primero de Octubre (Antifascist Resistance Groups First of October), a left-wing terrorist organization. It took its name from the date in 1975 on which General Franco, weeks before his death, made a hard-line speech about law and order at a Falange rally.
afrontar confront
moción de censura motion of censure
cruz (*metaphorical*) cross
convencimiento conviction

1978: New
constitution is
approved in a
referendum;
Suárez is returned
in general
election with
much reduced
majority

estos **mayores recién estrenados** votarán y darán su "sí" a la nueva
Constitución democrática, aprobada en referéndum el 6 de diciembre.

¡Vota Centro!
¡Vota Suárez!
¡Vota libertad!

En 1979 los españoles fueron de nuevo a las **urnas**. Aquellas elecciones
generales del 1 de marzo las ganó UCD por **mayoría relativa** y con un
margen **escaso** del 4% de los votos sobre el Partido Socialista.

8 Los **corrillos** literarios también **estaban de enhorabuena** por la concesión
del último Premio Cervantes, el galardón más importante que pueda recibir
un autor en lengua española. El Cervantes del 79 lo compartieron Gerardo
Diego y **Jorge Luis Borges**. Recita el escritor argentino:

> **El general Quiroga va en coche al muere.**
> **El madrejón desnudo ya sin una sed de agua**
> **y la luna torrando por el frío del alba**
> **y el campo muerto de hambre, pobre como una araña.**
> **El coche se hamacaba rezongando la altura;**
> **un galerón enfático, enorme, funerario.**
> **Cuatro tapaos con pinta de muerte en la negrura**
> **arrastraban seis miedos y un valor desvelado.**

1981: Suárez
resigns

La década de los ochenta se inicia con
graves problemas en el país: la violencia de
ETA y los **GRAPO**, la crisis económica y la
desunión política. El presidente del
Gobierno, Adolfo Suárez, tiene que **afrontar**
en el Parlamento una **moción de censura**.
Con esta pesada **cruz** a sus espaldas el 29 de
enero de 1981 Adolfo Suárez sorprende al
país presentando su dimisión:

–He llegado al **convencimiento** de que
hoy, y en las actuales circunstancias, mi
marcha es más beneficiosa para España que
mi permanencia en la Presidencia. Ninguna

Jorge Luis Borges

1975-1981
GLOSARIO Y NOTAS

desgaste *here:* efforts
convivencia social social coexistence
Congreso de los Diputados the Spanish equivalent of the House of Representatives
Leopoldo Calvo Sotelo (b. 1926) Calvo Sotelo held ministerial posts under Adolfo Suárez before succeeding him as prime minister in 1981. He resigned before the 1982 elections, which were won by the PSOE.
teniente coronel lieutenant colonel
presidente del Congreso de los Diputados At the time, this position—speaker of the Congress of Deputies—was held by Landelino Lavilla.
¡Al suelo! *in effect:* Get down!
metralletas submachine guns
que te mato or I'll kill you
Desenchufa Switch off, Unplug
recogían picked up
asalto attack
Antonio Tejero (b. 1932) The public face of the coup, Tejero was a fanatical antidemocrat who had a reputation for making trouble, most famously with the thwarted Operación Galaxia. He was released from prison in 1996.
Milans del Bosch (1915–1997) Jaime Milans del Bosch was one of the main conspirators behind the coup. He left prison in 1990, upon reaching 75 years of age.
sacaba a la calle a los tanques *in effect:* ordered tanks onto the streets

otra persona a lo largo de los últimos 150 años ha permanecido tanto tiempo gobernando democráticamente en España. Mi **desgaste** personal ha servido para articular un sistema de libertades, un nuevo modelo de **convivencia social** y un nuevo modelo de Estado.

El teniente coronel Tejero irrumpe, pistola en mano, en el Congreso de los Diputados

1981: Leopoldo Calvo Sotelo takes over as prime minister; military coup fails

9 El 23 de febrero de 1981 en el **Congreso de los Diputados** se estaba realizando la votación de investidura del nuevo presidente del Gobierno, **Leopoldo Calvo Sotelo**, cuando…

–La Guardia Civil entra en estos momentos en el Congreso de los Diputados. Hay un, un **teniente coronel** que con una pistola sube hacia la tribuna… En estos momentos apunta.

–¡Quieto todo el mundo!

–Es un guardia civil, está apuntando con una pistola, entran más policías, entran más policías. Está apuntando al **presidente del Congreso de los Diputados** con la pistola y vemos como, como…

–¡Silencio!

–Cuida[d]o, la policía, la policía…

–**¡Al suelo!** ¡Al suelo todo el mundo! ¡Al suelo!

–No podemos emitir más, porque nos están apuntando con la… Llevan, llevan **metralletas**.

–¡Al suelo!

–¡Cuida[d]o, eh!

–No intentes tocar la cámara **que te mato**, ¿eh? **Desenchufa** eso. ¡Desenchúfalo!

Los micrófonos de la Cadena Ser **recogían** en directo el **asalto** al Congreso de los Diputados. El teniente coronel de la Guardia Civil, **Antonio Tejero**, al mando de sus tropas, tomaba el Parlamento. En Valencia, el general **Milans del Bosch sacaba a la calle a los tanques**. Miles de ciudadanos se refugiaron en sus casas a la espera de que los acontecimientos evolucionaran. Por fin, a la una y media de la madrugada, el Rey habla al país a través de un mensaje televisado.

en forma alguna in any way

pretendan hope

fracasado failed

soberanía sovereignty

"neumonía atípica" "atypical pneumonia"; the same name that was given 22 years later to severe acute respiratory syndrome (SARS)

aceite desnaturalizado de colza denatured rapeseed oil

a granel in bulk

envenenamiento poisoning

nadie te lo sabe decir nobody can tell you

se aparta de ti moves away from you

Huyen They run away

se lo vas a pegar you're going to give it to them

entra en vigor comes into force

Proclamación de la Constitución de 1978

–La Corona, símbolo de la permanencia y unidad de la Patria, no puede tolerar **en forma alguna** acciones o actitudes de personas que **pretendan** interrumpir por la fuerza el proceso democrático que la Constitución votada por el pueblo español determinó en su día a través de referéndum.

El golpe de estado había **fracasado**. Este atentado fallido contra la **soberanía** del pueblo consolidó definitivamente la joven democracia española.

10 En mayo de 1981 se detectan en Madrid los primeros casos de lo que el Ministerio de Sanidad llama **"neumonía atípica"**. En pocos días se detectan más de 500 afectados en diferentes provincias. La alarma crece.

Empiezan a multiplicarse las muertes. Un mes después del primer caso un equipo médico descubre el origen de la epidemia en un **aceite desnaturalizado de colza**, no apto para el consumo humano, que se vende sin licencia y **a granel**. El caso de la colza se convertirá en el más dramático **envenenamiento** colectivo vivido por la sociedad española. Los afectados se manifiestan:

Los cuatro Presidentes de la democracia española (de izquierda a derecha): Leopoldo Calvo Sotelo, José María Aznar, Adolfo Suárez y Felipe González

–Es ver cómo te estás muriendo poco a poco y no sabes lo que tienes y **nadie te lo sabe decir**. Se ve, las, los huesos no son normales, mis piernas, yo siempre llevo pantalón, pero el día que llevo falda, pues, se ve que son unas piernas que no tienen forma. Luego ves que toda la gente **se aparta de ti**, porque al principio se creían que era contagioso. **Huyen**, porque se creen que **se lo vas a pegar** y no quieren respirar, eh, el mismo aliento donde tú estás porque tienen pánico. Y que gente de tu familia que ves que está sufriendo y, y que no sabes lo que tienen.

A pesar de la oposición de la Iglesia, todavía muy influyente en los inicios de la democracia, el 20 de julio de 1981 **entra en vigor** la Ley que regula el divorcio.

1982-1995
GLOSARIO Y NOTAS

Mundial World Cup (soccer)
decepción disappointment
Papa pope
peregrinaje pilgrimage
vertientes aspects
Pedro (Saint) Peter
alumbrando illuminating
halla su fundamento último finds his true foundation
Hay que cambiar/los aires de esta tierra maltratada We must change/the air of this
    ill-treated land. *Necesito cambiar de aires* means "I need a change of air/scenery."
lema slogan
apuesten "por el cambio" put their faith in "change," bet on "change"
fortalecidas *here:* strong
asumir un gobierno de izquierdas adopt a left-wing government
Rondan por la memoria *in effect:* linger in the memory
aplastante overwhelming
Felípe González (b. 1942) Spanish statesman and prime minister (1982–96), born in Seville.
    He joined the PSOE, then an illegal organization, in 1964. As secretary-general of the party
    from 1974 to 1997, he moved it toward the political center, and in the 1982 elections the PSOE
    became Spain's first left-wing administration since 1936. Already glossed
reto challenge
ciudadano citizen
sentirse ajeno a *in effect:* feel that they are not a part of
imprescindible essential
sacar a España adelante moving Spain forward

1982-1995

Catedral de
Santiago de
Compostela

1982: Soccer
World Cup is held
in Spain; visit of
Pope John Paul
II; Socialists win
general election
by huge majority;
Felipe González
becomes prime
minister

11 En 1982 el mundo pone sus ojos en España, esta vez no por su transición democrática, sino porque se celebra el **Mundial** de Fútbol.

Los aficionados españoles se llenan de ilusiones, pero cuando el balón comienza a rodar llega, otra vez, la **decepción**. El Mundial lo gana Italia.

En el otoño del 82 llega por primera vez a España el **Papa**.

Juan Pablo II inicia un largo **peregrinaje** de 10 días que le lleva, entre otros lugares, a Madrid, Barcelona, Sevilla, Zaragoza y Santiago de Compostela.

—He aquí tres **vertientes** que marcan los grandes objetivos de mi viaje a España: confirmar en la fe como sucesor de **Pedro** a mis hermanos para que la luz de Cristo siga **alumbrando** e inspirando la existencia de cada uno, para que se respete la dignidad de todo hombre que en Cristo **halla su fundamento último**.

Por aquellos días España vivía una intensa campaña electoral.

**Hay que cambiar
los aires de esta tierra maltratada**…

El **lema** del cartel electoral del Partido Socialista Obrero Español anima a que los ciudadanos **apuesten "por el cambio"**. En los foros de opinión todavía se duda que la sociedad y las instituciones constitucionales estén lo suficientemente **fortalecidas** como para **asumir un gobierno de izquierdas**. **Rondan por la memoria** los inicios de la Guerra Civil. Pero el 28 de octubre de 1982 los españoles apuestan por el cambio. El Partido Socialista gana las elecciones por una **aplastante** mayoría. **Felipe González**, su líder, tiene ahora el **reto** de modernizar España.

—Ningún **ciudadano** debe **sentirse ajeno a** la hermosa labor de modernización, de progreso y de solidaridad que hemos de realizar entre todos. La colaboración de cada español dentro de su ámbito es **imprescindible** para lograr el objetivo de **sacar a España adelante**.

reconversión industrial rationalization of industry
siderúrgico iron and steel
en plena crisis in deep crisis
reestructuración restructuring
despidos masivos mass dismissals
manifestaciones demonstrations
medidas measures
gozaron de enjoyed
verja *in effect:* gate
peñón de Gibraltar Rock of Gibraltar
Llanitos *colloquial:* inhabitants of the British colony of Gibraltar. *Llanito* is also the name of the dialect—a mixture of English and Spanish—that is spoken in Gibraltar.
Gran ganga Fantastic bargain. The song "Gran Ganga," by Pedro Almodóvar and Fabio McNamara, is performed in Almodovar's 1982 film *Laberinto de pasiones.*
cines X porn cinemas
Volver a empezar "Starting Over"
José Luis Garci (b. 1944) Madrid-born film director and critic whose work has always been influenced by classic Hollywood cinema
contracultura counterculture
la movida madrileña the Madrid scene, the dynamic cultural renaissance in the Spanish capital that followed the advent of democracy
cuero leather
litrona liter bottle [*here:* of beer]
caldo de cultivo *in effect:* breeding ground
brotarán will spring up
Alaska (Olvido Gara, b. 1963) Spain's first female punk star, and more recently a media commentator on youth culture
Pedro Almodóvar (b. 1951) Spain's best-known living film director; winner of an Oscar for best foreign-language film for *Todo sobre mi madre,* in 2000; and another for best original screenplay for *Hable con ella,* in 2003
encima de un escenario onstage
A las puertas del *in effect:* At the beginning of
Comunidad Económica Europea European Economic Community, the precursor to the European Union

12 La era socialista se inicia con una **reconversión industrial** traumática. Cuando el PSOE llega al poder se encuentra con sectores industriales, como el **siderúrgico** o el naval, **en plena crisis**. La única solución es la **reestructuración**, que incluye necesariamente **despidos masivos**. En el norte de España se producen las primeras **manifestaciones** obreras, desconcertadas por las **medidas** tomadas por un partido llamado "de izquierdas".

Otras medidas políticas del Gobierno socialista **gozaron de** mayor consenso, como abrir la **verja** que mantenía aislado el **peñón de Gibraltar**. Por fin caía el muro levantado por Franco. **Llanitos** y españoles volvían a cruzar libremente de un lado a otro del Peñón.

Policía gibraltareño y guardia civil español en la verja

> **Gran ganga**, gran ganga.
> Soy de Teherán…

En 1983 ya no hay que ir a Francia para ver películas pornográficas. Empieza a verse en las calles los primeros **cines X**. Hollywood vuelve a premiar al cine español, concediendo el Oscar a la mejor película extranjera a *Volver a empezar*, dirigida por **José Luis Garci**. Es la época de la **contracultura**, de **la movida madrileña**, de los pelos de colores, el **cuero**, el rock y la **litrona**. De ese **caldo de cultivo brotarán** cantantes como **Alaska** y artistas como **Pedro Almodóvar**, que en aquella época se dedicaba a escandalizar al público **encima de un escenario**.

1985: Spain signs
Accession Treaty
to European
Community

A las puertas del verano de 1985 España conseguía dar uno de los pasos más importantes para su consolidación futura. El 12 de junio firmaba el Tratado de Adhesión a la **Comunidad Económica Europea**. El presidente del Gobierno Felipe González pronunciaba el discurso de adhesión:

Felipe González y su ministro de Asuntos Exteriores, Fernando Morán, firman el ingreso de España en la CEE

1982–1995
GLOSARIO Y NOTAS

esfuerzo de adaptación effort to adapt
nos sumamos con retraso we're joining late
ese desafío va a ser respondido this challenge will be met
miembro de pleno derecho full member
con desahogo *here:* with every justification
disyuntiva choice
OTAN NATO, The North Atlantic Treaty Organization
se decantaba sided with; opted for
poderosa strong
dejadnos en paz leave us in peace
cambio de rumbo change of direction
apoyo support
comicios elections
Alianza Popular Founded by Manuel Fraga in 1976, the Popular Alliance was succeeded in 1989 by the Partido Popular, which came to power in 1996.
imparable unstoppable
más sangrientas bloodiest
sótano basement
trueno thunderclap
estruendo crash

–Será un **esfuerzo de adaptación** aun mayor que el que han hecho en su día los países fundadores de la Europa comunitaria, porque **nos sumamos con retraso** a un proceso ya en marcha. Tengo confianza, sin embargo, en que **ese desafío va a ser respondido** claramente por nuestra sociedad.

13 El 1 de enero de 1986 se hizo efectivo el ingreso de España como **miembro de pleno derecho**. Los españoles ya podían pronunciar **con desahogo** aquello de "España ya no es diferente". Tres meses después, el 12 de marzo, el Gobierno pondría a los ciudadanos ante una importante **disyuntiva**. Los españoles debían elegir en referéndum entre permanecer en la **OTAN** o pedir la exclusión. Durante los meses previos la opinión pública **se decantaba** claramente por el "no a la OTAN". Eso era lo que había prometido el PSOE que defendería cuando llegara al poder. Sin embargo, cambió de idea. El Ejecutivo socialista inició una **poderosa** campaña propagandística a favor del "sí". El Partido Comunista lideró la campaña del "no".

> ...Y sólo hay una respuesta:
> **dejadnos en paz**.
> OTAN no.
> Vivir en paz.
> OTAN no.

Al final los españoles dijeron "sí" a la OTAN. Muchos quedaron descontentos con el **cambio de rumbo** del Partido Socialista. Pero la mayoría del pueblo vuelve a ratificar su **apoyo** al PSOE, en las elecciones generales del 86. De nuevo este partido obtiene la mayoría absoluta. El gran perdedor de los **comicios** es el líder de la derecha, Manuel Fraga, ex ministro franquista, que presenta su dimisión al frente de **Alianza Popular** tras la pérdida **imparable** de votos.

Mientras tanto la violencia de ETA continúa y el 19 de junio de 1987 la banda terrorista comete una de las acciones **más sangrientas** de su historia. Un coche bomba explota en el **sótano** del supermercado Hipercor de Barcelona. Mueren 21 personas. Habla una testigo:

–He oído como un ruido, como un **trueno**, como si viniera de lejos. Y de golpe un gran **estruendo**, un gran cráter, como un, un gran túnel de

1986: NATO referendum; Socialists obtain their second overall majority in elections

1987: ETA massacre at Hipercor in Barcelona; students strike against education reforms

no sé de dónde from I don't know where
onda expansiva shock wave
mostradores counters
Ciudad Condal Barcelona, so named when it became the capital of Catalonia's various *condados*, or counties, in the 15th century
Juan Antonio Samaranch (b. 1920) Spaniard who was president of the International Olympic Committee from 1980 to 2001
sede venue
contagio infection
sida (*síndrome de inmunodeficiencia adquirida*) AIDS
condón condom
me la oxide *in effect:* destroys it
Póntelo. Pónselo Put it on. Put it on him
La polémica se desata Controversy flares [up]
portada *in effect:* front-page news
folclórica singer (of typically Spanish songs)
declaración de la renta tax declaration
secretario de Estado de Hacienda secretary of the Treasury
José Borrell (b. 1947) member of the PSOE who was briefly secretary-general of the party in 1998
hábilmente skillfully
defraudadores [tax] cheats
"Hacienda somos todos" *in effect:* "The Treasury is all of us"

fuego que ha salido **no sé de dónde**. Después he sabido que ha sa-, ha venido de abajo. Nos ha levantado a todos la **onda expansiva**, nos ha tirado contra los **mostradores**. Han empezado a salir cristales…

14 Pocos meses después la **Ciudad Condal** recupera la sonrisa. El presidente del Comité Olímpico Internacional, **Juan Antonio Samaranch**, anuncia la elección de Barcelona como **sede** de los Juegos Olímpicos de 1992.

> –*L'organisation des Jeux de la XXV Olympiade, 1992, à la ville de…*
> –Está abriendo un sobre.
> – … *à la ville de… Barcelona.*
> –¡Barcelona!

En los ochenta se extiende el temor al **contagio** del **sida** en todo el mundo. El Gobierno español lanza las primeras campañas informativas y preventivas.

> Yo para ser feliz
> uso un **condón**.
> Yo para ser feliz
> uso un condón.
> Antes de que se me olvide
> y que un virus **me la oxide**.
> Yo para ser feliz uso un condón.
> **Póntelo. Pónselo**.

Juan Antonio Samaranch

La polémica se desata y la Iglesia predica con firmeza su oposición al uso del condón.

15 Lola, Lola morena,
  de faraones viene mi cantar…

En 1987 Lola Flores, *La Faraona*, una de las más famosas cantantes, fue **portada** de revistas y periódicos, pero no por su arte. La **folclórica** alegó que "se había olvidado" durante varios años de presentar la **declaración de la renta**. El **secretario de Estado de Hacienda, José Borrell**, que utilizó **hábilmente** el caso como aviso a todos los **defraudadores**, recordó a Lola Flores que **"Hacienda somos todos"**.

1982-1995
GLOSARIO Y NOTAS

connivencia connivance

reprobable reprehensible

manteniendo patrimonios importantes holding sizeable assets

He tenido un fallo I made a mistake

conejo de indias "guinea pig," subject of experimentation

al día from day to day

buena financiera a good money manager

castigo punishment

recaudación [tax] collection

un 17% about 17 percent

cifra figure

desarrollados developed

ganaban de media earned an average of

se supo que *in effect:* it was revealed that

Josep Carreras (b. 1946) lyric tenor renowned for the purity of his tone. Following his recovery from leukemia, he established an international foundation to combat the disease.

el poder volver a casa being able to return home

Arco del Triunfo de Barcelona one of Barcelona's emblematic monuments, built in 1888 by Josep Vilaseca and located at the end of the Passeig Lluís Companys

–Tenemos demasiada **connivencia** social con el fraude en nuestro país en todas sus manifestaciones, tanto en el ingreso como el gasto público. No consideramos como socialmente **reprobable** el estar utilizando un recurso público al que no se tiene derecho, como no se considera socialmente reprobable el estar **manteniendo patrimonios importantes** al margen de la legalidad tributaria.

Así se disculpó Lola Flores:

–**He tenido un fallo**, no un fraude. Un fallo por dejarlo ir, porque me creí que me avisarían, porque no creí que iba a servir de ejemplo y que me iban a coger un poco de **conejo de indias**. Yo no tengo dinero en América. Yo no tengo, yo he vivido **al día**. Porque yo no he tenido, no he sido **buena financiera**. Podía haber tenido mucho, pero he ido viviendo al día.

El **castigo** a Lola Flores causó un efecto que sorprendió agradablemente al Gobierno. La **recaudación** del Impuesto sobre la Renta correspondiente a 1987 aumentó en más de **un 17%** con respecto al año anterior.

16 En la década de los ochenta las mujeres comenzaban a conquistar parcelas en la sociedad que les habían estado vetadas hasta entonces. En 1988 ya trabajaban 32 mujeres de cada 100, **cifra** aún lejos de los países más **desarrollados**, donde el 50% de las mujeres tenían trabajo. Sin embargo, las mujeres todavía sufrían discriminación en el trabajo. Por aquel entonces **ganaban de media** un 22% menos que los hombres.

Aquel verano de 1988 **se supo que** el tenor catalán **Josep Carreras** había ganado definitivamente la lucha contra la leucemia:

–Yo creo que los momentos duros físicos son bastante más fáciles de vencer que los momentos psicológicos duros de vencer. Y el volver a casa para mí es un éxito extraordinario, **el poder volver a casa** en este momento.

Carreras volvió a cantar tras muchos años de silencio. Fue en el **Arco del Triunfo de Barcelona**, ante 150.000 personas.

Josep Carreras

los sindicatos plantearon un durísimo pulso al *in effect:* the labor unions laid down a strong challenge to

cada quien everyone

secundar to back

600 y pico 600–odd

currar work

puñetera damned

me acerquen take me

14 D December 14. Spanish speakers often refer to events of either historical or passing significance by the dates on which they occurred, expressed by a number and letter. Other examples are 23 F (the 1981 attempted coup), 25 M (the municipal elections of 2003), and the tragic 11 S.

índice de precios al consumo consumer price index

llamamiento call to action

huelga sindical [labor-] union strike

impresionante impressive

mantuvieron varias reuniones held several meetings

Argel Algiers

tregua truce

Rafael Vera secretary of state for security from 1986 to 1994

HB Herri Batasuna ("People's Unity" in the Basque language), a radical left-wing Basque nationalist party, now officially recognized as ETA's political wing. HB was banned in March 2003.

marcando las líneas políticas de actuación laying down the political course of action

Pero 1988 quedará marcado para la historia reciente de España como el año en el que **los sindicatos plantearon un durísimo pulso al** Gobierno socialista.

–¡Huelga! ¡Huelga!

–Todo absolutamente parado. Yo creo que es un inicio magnífico.

–Y si dejan libertad para que **cada quien** haga lo que quiera, los trabajadores van a **secundar** masivamente la huelga.

–¡Hola, don Pepito!

–¡Hola, don José!

–¿Quería usted una huelga?

–Una huelga tiene usted.

–Pues somos **600 y pico** de personal aquí en este parque y vamos a **currar** siete esta noche.

–Me toca pasar la noche aquí por la **puñetera** huelga, porque no hay taxis que **me acerquen** mañana por la mañana para coger mi vuelo.

–¡Hacía falta ya una huelga, una huelga! ¡Hacía falta ya una huelga general!

–Yo me quiero ir a mi casa…

17 El 14 de diciembre el país quedó paralizado. La huelga general del **14 D** fue secundada por 8 millones de trabajadores. Se oponían al plan de empleo juvenil y al aumento incontrolado del **índice de precios al consumo**.

1988: One-day national strike

–Los trabajadores han secundado masivamente el **llamamiento** de los sindicatos. Hemos demostrado, por otra parte, que la huelga es una **huelga sindical**, no es una huelga política. Y la palabra más adecuada para calificar al 14 de diciembre es la palabra **impresionante**.

1989: ETA declares truce; talks with government start in Algiers

En 1989 hubo un intento de solucionar el problema del terrorismo por negociación. Representantes del Gobierno y de ETA **mantuvieron varias reuniones** en **Argel**, en el norte de África, para abrir la puerta a la paz. Pero tras varios meses de **tregua**, la banda terrorista anunciaba la vuelta a las armas. **Rafael Vera**, secretario de Estado de Seguridad, explicaba los motivos de aquel fracaso:

–Hay un grupo de, de **HB** que, que en este momento es el que está **marcando las líneas políticas de actuación** y le está marcando el camino de la estrategia a seguir por ETA, vamos. Es decir, yo creo que fue el

1982-1995
GLOSARIO Y NOTAS

Salvador Dalí (Salvador Felipe Jacinto Dalí y Doménech, 1904–1989) eccentric surrealist painter
   famous for his precise explorations of the imagery of the unconscious
restos remains
cúpula geodésica geodesic dome (dome built of straight struts that form interlocking polygons)
Figueras Catalonian town in the province of Gerona
depara brings
galardonado con awarded
las dos manillas the two small hands
ignora does not know
discurrir to discourse
apenas barely
Partido Popular center-right political party that emerged from the Alianza Popular in 1989
José María Aznar (b. 1953) leader of the PP since 1991, following Manuel Fraga, and prime
   minister from 1996 to 2004
Comunidad autonomous community, of which there are 17 in Spain
percibir feel
nueva mayoría new majority
pueblo nation
Pese a Despite
golpe de efecto "coup de théâtre," dramatic stroke
conservador conservative

elemento que hizo que aquello fracasase, ¿no? Porque yo creo que invitó a ETA a romper aquella situación de convivencia pacífica que se estaba creando.

Manifestación en favor de la independencia vasca

A principios de 1989, el 23 de enero, había muerto el genio del surrealismo pictórico **Salvador Dalí**. Sus **restos** fueron depositados bajo la **cúpula geodésica** de su Teatro Museo, en **Figueras**.

55
pintura española *Dalí*
ESPAÑA *correos*
AUTORRETRATO BLANDO

Autorretrato blando (Salvador Dalí)

A pesar de todo, el 89 también **depara** buenas noticias a la cultura española. Camilo José Cela es **galardonado con** el premio Nobel de Literatura.

—Señores académicos, señoras y señores: han sonado ya muchas campanadas en mi alma y en mi corazón, **las dos manillas** de ese reloj que **ignora** la marcha atrás. Y hoy, con un pie en la mucha vida que ya he dejado atrás y el otro en la esperanza, comparezco ante ustedes para hablar con palabras de la palabra y **discurrir** con buena voluntad, y ya veremos si también con suerte, de la libertad y la literatura.

18 1989 también fue año de elecciones generales. El 4 de septiembre, **apenas** un mes antes de que los españoles fueran convocados a las urnas, el **Partido Popular** anuncia el nombre de su candidato a la Presidencia del Gobierno. Se llama **José María Aznar** y ha sido hasta ahora el joven presidente de la **Comunidad** de Castilla y León. Se presenta como el futuro de España.

1989: José María Aznar contests his first general election as conservative leader; Socialists gain third straight overall majority

—Para mí resulta muy emocionante que desde aquí toda España pueda **percibir** con fuerza el mensaje de la **nueva mayoría**, el mensaje del futuro de España.

El 29 de octubre decide el **pueblo**. **Pese a** la huelga general vivida el año anterior y al **golpe de efecto** del partido **conservador**, Felipe González consigue su tercera victoria electoral.

cruzada crusade

la "eñe" *ñ* (the 17th letter of the Spanish alphabet). Letters take the feminine article.

autóctona indigenous

fabricantes manufacturers

teclados keyboards

telenovelas television soap operas

acaparaban obtained

niveles de audiencia ratings

Feria de San Isidro the San Isidro fair, held in Madrid in honor of the city's patron saint on May 15, his feast day. Saint Isidore the Farmer (12th century), the patron saint of Madrid, should not be confused with Saint Isidore of Seville (c. 560–636), the first Christian writer to attempt to compile a *summa* of universal knowlege and putative patron saint of the Internet.

Cesar Rincón (b. 1965) Rincón is the only matador to *salir por la puerta grande*, the principal measure of a *diestro*'s success, on four separate occasions (in 1991) in Madrid's Las Ventas bullring.

arrebataba *here:* thrilled

acudían a went to

carreteras roads

Miguel Induráin (b. 1964) Spanish cyclist, one of only five cyclists to have won the Tour de France five times (1991–95)

con todas mis fuerzas with all my strength

enrarecerse become tense

aflorar emerge

diferentes several

se fortaleció *here:* improved

Cumbre de Paz de Oriente Medio Middle East peace summit

Yitzhak Rabin (1922–1995) prime minister of Israel (1974–77 and 1992–95)

Yasser Arafat (Muhammad 'Abd ar-Ra'uf al-Qudwah al-Husayni, b. 1929) president of the Palestinian Authority and chairman (from 1969) of the Palestine Liberation Organization

Mikhail Gorbachov (b. 1931) general secretary of the Communist Party of the Soviet Union from 1985 to 1991 and president of the Soviet Union from 1990 to 1991

George H. W. Bush (b. 1924) 41st president of the United States (1989–93)

anfitrión host

las tres culturas The "three cultures" are Judaism, Islam, and Christianity.

En 1991 los hispanohablantes improvisaron una **cruzada** en defensa de **la "eñe"**, letra **autóctona** del alfabeto español. Los **fabricantes** europeos de ordenadores habían decidido suprimirla de los **teclados**.

El fenómeno televisivo de aquel año procedía del centro y sur de América. Las **telenovelas acaparaban** altísimos **niveles de audiencia**. En la **Feria de San Isidro**, un torero colombiano, **César Rincón**, **arrebataba** con su valor a los aficionados que **acudían a** la plaza de toros de Las Ventas. En las **carreteras** francesas nacía un nuevo héroe, el ciclista **Miguel Induráin**, que ganaba el primero de sus cinco Tours de Francia.

Miguel Induráin

–Para mí ha sido un Tour de Francia duro, pero también ha sido un Tour de Francia, pues, bastante emotivo y, nada, el, el citaros, si se puede ser, por mi parte quedará…, y lo intentaré prepararme **con todas mis fuerzas,** para el año que viene por estas fechas, en este mismo sitio. Muchas gracias.

19 Aquel año de 1991 comenzó a **enrarecerse** el panorama político español. Comenzaban a **aflorar diferentes** casos de corrupción que manchaban directa o indirectamente al Partido Socialista, en el Gobierno desde 1982. Pero la imagen del Ejecutivo de Felipe González **se fortaleció** mucho tras la celebración de la **Cumbre de Paz de Oriente Medio** en España. Fue el 30 de octubre de 1991. Madrid se convirtió en capital del mundo. Allí acudieron líderes como **Isaac Rabin**, **Yasser Arafat**, **Mikhail Gorbachov** o **George Bush**. Felipe González ejerció de **anfitrión**.

–España ha conocido a lo largo de la historia el fruto de la convivencia, de la tolerancia, de la paz entre **las tres culturas** aquí presentes. España también conoció el amargo resultado de la confrontación. Si hemos

1991: Madrid hosts Middle East peace conference; GAL scandal erupts; government is accused of organizing "dirty war" against terrorism

1982-1995
GLOSARIO Y NOTAS

sabor amargo del desencuentro bitter taste of misunderstanding

fastos *here:* wonders

Cristóbal Colón (Cristoforo Colombo, 1451–1506) The man who has long been said to have discovered America was born in Genoa, Italy. The Spanish version of his name dates from 1486, when he moved to Spain.

Exposición Universal de Sevilla Expo '92, the Seville World's Fair, was visited by an estimated 41 million people.

tamaño size

previstas scheduled

superado overcome

nos llena de orgullo fills us with pride

Sean, pues, mis primeras palabras Let, then, my first words be

isla de la Cartuja small island in the Guadalquivir River, close to the center of Seville

cauce channel

Guadalquivir Southern Spain's main river runs 657 kilometers (408 miles) in a generally southwesterly direction from the Sierra de Cazorla into the Gulf of Cádiz at Sanlúcar de Barrameda (the starting place of Cristóbal Colón's third voyage) in Cádiz province.

acogió *here:* was home to

pabellones pavilions

se dejaron ver *in effect:* could be seen

acarreó brought, gave rise to

vejados *here:* outraged

reparación reparation

indígenas natives

selvas forests

conocido el fruto de la convivencia y el **sabor amargo del desencuentro**, ¿cómo no sentir ahora la esperanza de un camino abierto hacia la paz en ese lugar del mundo?

Expo 92 (Sevilla)

Y llegó 1992, el año de los grandes **fastos**. España celebraba el quinto centenario de la llegada de **Cristóbal Colón** a América. Para ello organizó la **Exposición Universal de Sevilla**. El rey don Juan Carlos dio la bienvenida a todas las naciones invitadas a participar.

1992: Spain's "Year of Wonders" with EXPO in Seville and Olympics in Barcelona

–La Exposición Universal de Sevilla que hoy inauguramos es la mayor exposición de la historia, no sólo por su **tamaño** o el número de participantes, sino también por la

La Conferencia de Paz. En primera fila, Mikhail Gorbachov (izquierda), Felipe González (centro) y George Bush (derecha).

diversidad y calidad de las actividades **previstas** en ella. Haberse planteado un reto tan difícil junto con otros de igual importancia en el año 92 y haberlo **superado** es algo que **nos llena de orgullo**. Sean, pues, mis **primeras palabras** la expresión de agradecimiento a los miles de personas que han hecho posible con su trabajo, su inteligencia, su creatividad y su esfuerzo este importante acontecimiento.

20 La **isla de la Cartuja**, en mitad del **cauce** del río **Guadalquivir**, **acogió** los **pabellones** donde más de 100 países de todos los continentes **se dejaron ver**. Fue una gran feria a la que acudieron más de 40 millones de visitantes.

Pero la celebración del Quinto Centenario también **acarreó** muchas críticas. Algunos pueblos americanos se sintieron **vejados** y reclamaron una **reparación** histórica. Éstas eran las voces de algunos **indígenas** que todavía sobreviven en las **selvas** americanas:

sostenemos que We hold that

en vez de instead of

Juegos Olímpicos Olympic Games

Barcelona The theme of the Barcelona Olympics was recorded by Queen's Freddie Mercury and Spanish diva Montserrat Caballé.

otorga confers

cumplió con muy buena nota passed the test with flying colors

Cataluña ("Catalunya" in Catalan, or anglicized to "Catalonia") Spain's sixth-largest autonomous community is located in the northeastern corner of the Iberian peninsula. The origin of the word is unknown.

revalorizadas *in effect:* improved

se citó de nuevo a los españoles Spaniards were again summoned

menguar to dwindle

–Esta celebración está orquestada por la Comunidad Económica Europea, Israel, Japón y Estados Unidos. Es una nueva ofensiva neocolonialista para exterminar nuestros pueblos.

–Eh, bueno, **sostenemos que**, **en vez de** invertir millones de dólares en celebrar el triunfalismo, se debe invertir en nuestros países, en nuestros pueblos, en beneficio de todos los, de todos los pueblos necesitados.

Las coincidencias del calendario quisieron que durante 1992 también se celebraran los **Juegos Olímpicos** en Barcelona. La ceremonia inaugural se celebró el 25 de julio.

"Cobi", mascota olímpica de Barcelona 92

Barcelona.
Such a beautiful horizon.
Barcelona.
Like a jewel in the sun…

–Juan Antonio Samaranch, presidente del Comité Olímpico Internacional:

–Saludo, con el mayor afecto y agradezco la presencia de los más altos dignatarios de 32 estados, que han querido estar hoy con nosotros,

El Príncipe de Asturias, abanderado del equipo español, en la ceremonia inaugural de los Juegos Olímpicos de Barcelona

significando la importancia que **otorga** nuestro mundo contemporáneo al movimiento olímpico.

La organización **cumplió con muy buena nota** y las imagenes de **Cataluña** y España salieron **revalorizadas** después de los Juegos Olímpicos de Barcelona.

21 1993. Durante el mes de junio **se citó de nuevo a los españoles** ante las urnas. El socialista Felipe González volvía a derrotar al conservador José María Aznar por segunda vez, aunque la diferencia de votos comenzaba a **menguar**. Perdía la mayoría absoluta.

1993: Felipe González wins fourth term in general election but fails to get overall majority

acontecimiento event

"Año Xacobeo" (*in Galician*) The Saint James Year is held every year in which Saint James's Day (July 25) falls on a Sunday. After 2004, the next one will be in 2010.

se remonta a goes back to

Alejandro III (c.1105–1181) Born in Siena, Italy, he was pope from 1159 to 1181.

onomástica saint's day

apóstol Santiago Saint James the Apostle

indulgencia plenaria plenary indulgence

vertebraron *here:* formed a network throughout

medioevo Middle Ages

intercesión intercession

aliento *here:* courage

arrolladores overwhelming

"Macarena" The song, written by Antonio Romero about a girl seen dancing in a Caracas hotel, topped the *Billboard* chart for 13 weeks.

Los del Río Antonio Romero and Rafael Ruiz (both born in 1947) were struggling *fiesta* performers until "Macarena" took off and turned them into arguably the most internationally successful Spanish performers ever.

Dale a tu cuerpo alegría/Macarena/que tu cuerpo es pa' darle/alegría y cosas buenas Give your body joy/Macarena/because your body's there to give/joy and good things

auguraban augur for

arrasó destroyed, leveled

Teatro Liceo Opened in 1847 as a conventional theater, El Gran Teatro del Liceo staged its first opera in 1860.

afiliados members

intervino took control of

Banesto The Banco Español de Crédito was founded in 1902.

Mario Conde (b. 1948) Born in Galicia, the flamboyant Conde used aggressive, legally dubious, and tremendously profitable methods as Banesto's president, a position he assumed in 1987. A drawn-out legal process resulted in a 20-year prison sentence in July 2002.

sin escrúpulos unscrupulous

despectivamente contemptuously

"el pelotazo" "the get-rich-quick culture"

1993: "Holy Year"
in Galicia

Pero el gran **acontecimiento** religioso y cultural del año fue la celebración del **"Año Xacobeo"**. La tradición **se remonta a** 1179. El papa **Alejandro III** determinó que cuando la **onomástica** del **apóstol Santiago** cayera en domingo, todo aquel peregrino que visitase la tumba del santo en Galicia recibiría el "jubileo", la **indulgencia plenaria**.

–Abrid las puertas, que el Señor está con nosotros.

–Y dio muestras de su poder celestial.

Así que 1993 fue declarado año santo y las rutas de peregrinos que **vertebraron** Europa en el **medioevo** revivieron esplendores pasados. El príncipe Felipe, heredero de la Corona española, fue uno de los fieles que peregrinó a Santiago.

–En esta hora final del segundo milenio de Cristianismo, mientras por tu **intercesión** pedimos a Dios perdón por los errores que hayamos podido cometer, tu memoria apostólica nos acerca a Jesucristo, tu maestro. Porque los jóvenes necesitan **aliento** y ayuda, acudimos a ti, señor Santiago.

Por cierto, aquel verano de 1993 nació uno de los éxitos musicales más **arrolladores**, **"Macarena"**, de **Los del Río**.

Dale a tu cuerpo alegría, Macarena, que tu cuerpo es pa' darle alegría y cosas buenas.
Dale a tu cuerpo alegría, Macarena.
¡Eh, Macarena!
¡Ay!

Los del Río bailando "Macarena"

1994: Banesto
bank fraud is
discovered

22 Los inicios de 1994 no **auguraban** un buen año. Un incendio **arrasó** el **Teatro Liceo**, historia y joya musical de Cataluña. Los sindicatos convocaron a sus **afiliados** a otra huelga general. Y el Banco de España **intervino** las cuentas de **Banesto**, una de las principales entidades financieras del país. El presidente de Banesto era **Mario Conde**, símbolo del éxito rápido y **sin escrúpulos**, lo que se llamó **despectivamente "el pelotazo"**.

jóvenes emprendedores enterprising young people
prolijas alabanzas políticas effusive political praise
banca de cliente client-based banking
integral complete
alta rentabilidad high profitability
a nuestro entender in our opinion
se había enriquecido had made himself rich
gestión management
plagada de riddled with
estalla erupts
Luis Roldán (b. 1943) The incredible saga of the crimes, flight, and eventual arrest of the apparently shameless Roldán captivated the nation and humiliated the ruling Socialist Party.
Guardia Civil The Civil Guard, Spain's paramilitary police force, was set up in 1844 to keep law and order, especially in rural areas.
estafar to swindle
constructores builders
malversó fondos reservados he embezzled secret funds
ganancias earnings
Suiza Switzerland
etapa *here:* period
poner en ridículo to make a fool of
dimisión resignation
asumible acceptable. The word does not appear in the *Diccionario de la Real Academia Española.*
resuelto resolved
afrontar confront

Pero hasta entonces, Mario Conde había sido ídolo de **jóvenes emprendedores**, portada de revistas muy prestigiosas y había recibido honores académicos y **prolijas alabanzas políticas**. Escuchamos el fragmento de una de sus intervenciones ante los accionistas del banco:

–Nuestro concepto es el de **banca de cliente**. Precisamente por ello nuestro producto lo que pretende es una relación **integral** con el cliente, incorporando, desde luego, la **alta rentabilidad**, en función de las cantidades y del tiempo que los fondos estén depositados. Pero trata, fundamentalmente, de dar un paso más y, **a nuestro entender**, un paso cualitativamente distinto.

Las investigaciones judiciales posteriores demostraron que Mario Conde **se había enriquecido** de forma fraudulenta y que su **gestión** al frente de Banesto estaba **plagada de** irregularidades. Mario Conde acabó en la cárcel. No fue el único.

1994: Luis Roldán, head of Civil Guard, flees the country, accused of corruption; interior minister resigns

En el mes de abril **estalla** otro gran escándalo. **Luis Roldán**, ex director general de la **Guardia Civil** huye de España para evitar la prisión. Durante años aprovechó su cargo para **estafar** a **constructores** a cambio de concesiones de obras, **malversó fondos reservados**, falseó contratos por servicios de seguridad que nunca se efectuaron y creó una sociedad para ocultar sus **ganancias** ilícitas en España y **Suiza**. También los contactos que mantenía de su **etapa** como director de la Guardia Civil le sirvieron para escapar de España y **poner en ridículo** a los responsables de las fuerzas de seguridad. El ministro del Interior, Antonio Asunción, presentó su **dimisión**:

Un oficial de la Guarda Civil

–Creo que, políticamente, no sería **asumible** que el titular de este Ministerio y ahora responsable político de que no esté ya a disposición judicial el ex director general de la Guar-, de la Guardia Civil... He, naturalmente, **resuelto afrontar** mis responsabilidades políticas presentado mi dimisión al presidente del Gobierno.

Laos Sathalanalat Paxathipatai Paxaxôn Lao, the Lao People's Democratic Republic, is the only landlocked state in southeast Asia.

Fondo Monetario Internacional International Monetary Fund

Museo del Prado Spain's best-known art gallery opened in 1819 and houses works by Velázquez, Goya, El Greco, and Bosch among a multitude of others.

reclamo publicitario advertising ploy

Bodegas Osborne Osborne Wine Cellars, whose 92 freestanding "bullboards," distributed throughout Spain, are by now almost a natural feature of the landscape

indultado reprieved

carreteras roads

Sergi Bruguera (b. 1971) clay-court specialist who won consecutive French Opens in 1993 and 1994

Arantxa Sánchez Vicario (b. 1971) Winner of the French Open three times (1989, 1994, and 1998) and the U.S. Open once (1994), Sánchez Vicario retired in November 2002.

torneo Roland Garros Held in Paris each June, the French Open at Roland Garros is one of tennis's four Grand Slam events.

Joxi Zabala y Joxean Lasa two young ETA activists who disappeared in Bayonne, in southwest France, in 1983 and whose remains were identified 12 years later in Spain

cal quicklime

GAL (Grupos Antiterroristas de Liberación) The polemical, clandestine Antiterrorist Liberation Groups were created by entities associated with the PSOE in the early 1980s. Apparently funded with public money, they were responsible for the deaths of 27 suspected ETA terrorists, mainly in the French Basque Country, between 1983 and 1986.

Congreso Internacional de Ciudades Saludables y Ecológicas The International Healthy and Ecological Cities Congress: Our City, Our Future was held in March 1995.

configuran *here:* create

compaginar reconcile

contrapuestos conflicting

hace estallar sets off

coche bomba car bomb

Luis Roldán se convirtió en el hombre más buscado de España. Sería capturado 10 meses después en **Laos** y entregado a España, donde fue juzgado y condenado a 28 años de cárcel y a una multa de 16.000 millones de pesetas.

A pesar de todos estos escándalos, los grandes profetas de la economía eligieron España para reunirse a finales del verano de 1994. Las nuevas directrices del **Fondo Monetario Internacional** y el Banco Mundial se presentaron en Madrid.

23 1994 también fue el año en que el **Museo del Prado** cumplió su 175 aniversario. El toro gigante utilizado como **reclamo publicitario** por las **Bodegas Osborne** fue **indultado** por petición popular de una ley que prohíbe la propaganda junto a las **carreteras**. Dos tenistas españoles, **Sergi Bruguera** y **Arantxa Sánchez Vicario**, fueron los ganadores del prestigioso **torneo Roland Garros**.

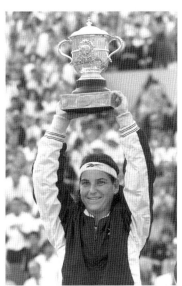

1995. Los campos españoles sufren los efectos de una prolongada sequía. La peseta vuelve a devaluarse. Los cuerpos de dos jóvenes desaparecidos años atrás, **Joxi Zabala y Joxean Lasa**, son hallados enterrados en **cal** y con signos de haber sufrido tortura. Se culpa a miembros del **GAL**.

Arantxa Sánchez Vicario con el trofeo Roland Garros

La reina Sofía pronuncia el discurso de inauguración del **Congreso Internacional de Ciudades Saludables y Ecológicas**:

–En las últimas décadas se han producido en las ciudades cambios importantes que **configuran** situaciones sociales nuevas. Su tratamiento reclama soluciones imaginativas al tener que **compaginar** dos conceptos en ocasiones **contrapuestos**, como desarrollo y calidad de vida.

El 19 de abril del 95 la banda terrorista ETA **hace estallar** un **coche bomba** al paso del vehículo en el que viaja el líder de la oposición, José

blindaje armor-plating
Hagan lo que hagan los terroristas No matter what the terrorists do
rigor firmness
entereza steadfastness
quienes those who
estancia stay
Mallorca the largest of the Balearic Islands, in the Mediterranean, 233 kilometers (145 miles) from the central east coast of Spain
brota breaks
agentes del servicio [secret] service agents
CESID National Intelligence Agency. The scandal led to the resignation of the CESID's director, the minister of defense, and the deputy prime minister.
grabando recording
empresarios businessmen
principal sospechoso main suspect
Juan Alberto Perote (b. 1938) Chief of operations of CESID under the Socialists, Perote was sentenced to six months in jail.
marcan *here:* point the finger at
despega blasts off, takes off
trasbordador espacial space shuttle

María Aznar. Salva la vida gracias al **blindaje** del coche. Un día después Aznar compareció ante los medios de comunicación para reafirmar su compromiso de luchar contra el terrorismo:

–En todo caso y en toda circunstancia la violencia no va a tener en España la última palabra. **Hagan lo que hagan los terroristas**, ayer cuando atentaron contra mí intentando asesinarme, la respuesta es la misma. Porque estoy convencido, absolutamente convencido, que la última palabra la dirá el **rigor**, la ley, la firmeza, la **entereza**, la victoria al final que todos los españoles vamos a obtener sobre ese grupo terrorista y sobre **quienes** apoyan a los terroristas.

También en 1995 se descubren los planes de ETA para asesinar al Rey durante su **estancia** en **Mallorca**. Y **brota** un nuevo escándalo en el corazón del Estado. Durante el mes de junio se conoce que algunos **agentes del servicio** de inteligencia español, el **CESID** (Centro Superior de Información de la Defensa) han estado escuchando y **grabando** a políticos, **empresarios**, periodistas y hasta al Rey. También se descubrirá que parte de ese material ha sido robado. El **principal sospechoso** es el coronel **Juan Alberto Perote**. El coronel amenaza con delatar a otros compañeros.

Manifestación en contra de ETA

–No puedo decir que sepa quién es el que ha filtra[d]o las… eso. Lo mismo que hay datos objetivos que dice el vicepresidente que me **marcan** a mí, yo tengo otros datos que podrían marcar a otras personas, pero…
–¿Otras personas también del Centro?
–Puede ser. Sí.

24 A finales de octubre Miguel López Alegría **despega** a bordo del **trasbordador espacial** *Columbia*. Es el primer astronauta español, aunque

1982-1995
GLOSARIO Y NOTAS

espacio exterior outer space
alucinante *in effect:* mind-blowing
buceo diving
Javier Solana (b. 1942) Solana held a series of ministerial positions with the governing PSOE from 1982 to 1995, then was secretary-general of NATO from 1995 to 1999. He later became the EU's foreign policy advisor.
cargo post
desafíos challenges
Alianza Atlántica Atlantic Alliance
llevar a buen puerto *in effect:* to carry out successfully

formado en Estados Unidos, que viaja al **espacio exterior**. Recogemos el momento en el que el astronauta contacta, en pleno vuelo, con la tierra:

–Bueno es una experiencia **alucinante**. Es, es difícil [a] explicar. Eh, sobre todo, es una sensación de, de estar muy tranquilo. Es como… un poco de… **buceo**, pero sin agua. Es, es impresionante. Es muy difícil de explicar.

Javier Solana

1995: Javier Solana becomes first Spaniard to be NATO secretary general

El 18 de diciembre otro español, **Javier Solana**, toma posesión del **cargo** de Secretario General de la OTAN.

–Soy perfectamente consciente de las dificultades, de los **desafíos** que la **Alianza Atlántica** tiene en estos momentos. Y, como ya les dije ayer, quiero decirles que asumo esta responsabilidad para dedicar mis mejores esfuerzos, mis mejores energías, lo mejor de mi inteligencia para ser capaz de **llevar a buen puerto** los grandes desafíos que tenemos en este momento.

da un giro changes course
se hace con *here:* takes
se convierte en becomes
confiado *in effect:* trusted in us
No empezará con muy buen pie It will not get off to a good start
Fidel Castro (b. 1926/1927) controversial Marxist-Leninist Cuban politician and leader of Cuba since 1959, when he overthrew dictator Fulgencio Batista
se enzarzan get embroiled in
cruce de declaraciones *in effect:* exchange of opinions
estrechísima very close
alejamiento distancing
páginas culturales y del corazón cultural and gossip pages
pormenores every last detail
disfrutando enjoying
Antonio Banderas (b. 1960) A onetime protégé of Pedro Almodóvar, actor and director Banderas has long since shed his stereotypical Hollywood Latino image.
tierra natal birthplace
Málaga This Andalusian city on Spain's southern coast is the largest on the Costa del Sol.
Melanie Griffith (b. 1957) The daughter of actress Tippi Hedren, Griffith overcame her 1980s drug and alcohol problems to deliver some good performances, particularly in her role as Charlotte Haze in Adrian Lyne's *Lolita* in 1997.
encarna embodies
hijo predilecto favorite son (an honorary title)
se perfuma de azahar she perfumes herself with orange blossom
memoria histórica historical memory
terribles horas de angustia agonizing hours
zulo hideout

1996-2000

El nuevo presidente, José María Aznar, en el Congreso

25 Los españoles volverán a elegir Gobierno en 1996. El electorado **da un giro**. Pierden los socialistas. Gana la derecha. El Partido Popular **se hace con** el poder y José María Aznar **se convierte en** el nuevo presidente del Gobierno.

–Quiero agradecer a los millones de españoles que han votado, que han **confiado**, que han dado al Partido Popular la mayoría que puede ser suficiente para gobernar España.

1996: Aznar wins general election and forms first right-wing government since death of Franco

No empezará con muy buen pie en política internacional. José María Aznar y **Fidel Castro se enzarzan** en un **cruce de declaraciones** poco amistosas y Cuba, que siempre había mantenido una **estrechísima** relación afectiva y comercial con España, inicia su progresivo **alejamiento**.

Mientras tanto, las **páginas culturales y del corazón** de la prensa española recogen con gran profusión de fotografías los **pormenores** de las vacaciones que está **disfrutando** el actor **Antonio Banderas** en su **tierra natal**, en **Málaga**. Banderas triunfa en Hollywood, está casado con una estrella, **Melanie Griffith**, **encarna** el éxito internacional y será nombrado **hijo predilecto** de Málaga.

–Al final de mis días, miraré atrás y encontraré que tuve dos madres, muy guapas y muy graciosas. Una me vio nacer en un caluroso agosto del año 60 y se llama Ana. A la otra ya la conocía, pero hoy formalizamos nuestra relación madre-hijo. Se llama Málaga y en primavera se pone flores en el pelo y **se perfuma de azahar**. A las dos las quiero y a las dos respeto.

26 La **memoria histórica** de 1997 ha quedado marcada por las **terribles horas de angustia** que vivió España durante el mes de julio. El día 1 agentes de la Guardia Civil logran localizar el **zulo** donde ETA había encarcelado a

José Ortega Lara A prison officer in Logroño, Lara was kidnapped on January 17, 1996. ETA's presumed reason for the kidnapping was to pressure the government to stop dispersing more than 500 ETA prisoners to jails throughout Spain and instead to concentrate them in prisons in the Basque Country.

esquelético skeletal

campos de extermino nazis Nazi extermination camps

indudable undoubted

envergadura magnitude

apresamiento capture

secuestrar kidnap

concejal councilman

Ermua a small, previously little-known village in the Basque province of Vizcaya

Miguel Ángel Blanco Never before in Spain had an ETA assassination provoked so much public anger and grief, nor has any since. The reason for the assassination of the 29-year-old city councilman was the same as for the kidnapping of Ortega Lara. In 2001 two members of ETA and a Herri Batasuna councilman were arrested for Blanco's assassination.

escolta *here:* bodyguard

dieron un plazo gave a deadline

trasladara transfer

camino vecinal *in effect:* track, path

Lasarte town in the Basque province of Guipúzcoa

insoportable unbearable

daremos vueltas *in effect:* keep on looking

preocupación concern

paro unemployment

coyuntura económica mundial vivía tiempos de bonanza *in effect:* the global economy was booming

sacaba pecho puffed out its chest

latiguillo slogan

a orillas de la ría del Nervión on the banks of the estuary of the Nervión River

laminado de titanio *in effect:* covered in sheets of titanium

Frank Gehry (b. 1929) Born in Canada, the internationally celebrated Gehry is known for his deconstructivist architecture.

Museo Guggenheim Bilbao's spectacular Guggenheim Museum, which houses principally modern and contemporary art, is run by the Solomon R. Guggenheim Foundation. It opened on October 19, 1997.

lehendakari head of the Basque autonomous government

ejerció de anfitrión *in effect:* played host

1997: ETA kidnap
victim is found
alive after 532
days in captivity;
ETA murder of
young right-wing
politician causes
national outrage;
Guggenheim
Museum opens in
Bilbao

un funcionario de prisiones durante 532 días. **José Ortega Lara** está vivo, pero su rostro **esquelético** recuerda imágenes de los **campos de exterminio nazis**. Ortega Lara supo desde el primer momento que no había sido secuestrado por dinero.

—Estaba relaciona[d]o con mi trabajo. Eso es **indudable**. Yo era consciente de que no era por dinero. Es decir, eh, ellos pedirían, no, no sabía lo que pedían exactamente, pero, porque no me lo decían a mí tampoco. Yo no esperaba que hubiera este movimiento, porque no, no tenía conoci-, sabía que había movilizaciones, pero no de esta **envergadura**.

Pocos días después de la liberación de Ortega Lara y el **apresamiento** de varios terroristas, ETA volvió a **secuestrar** a un modesto **concejal** del Partido Popular en el pueblo de **Ermua**. Se llamaba **Miguel Ángel Blanco**, tenía 29 años y no llevaba **escolta**. Era una víctima fácil. Tras el secuestro, los terroristas **dieron un plazo** de 48 horas para que el Gobierno **trasladara** a todos los presos de ETA al País Vasco. Si no lo hacía, el concejal sería asesinado.

Tras dos días de tensa espera, los terroristas abandonaban a Miguel Ángel Blanco mortalmente herido en un **camino vecinal** de **Lasarte**. El dolor fue tan **insoportable** que nunca se ha visto en España una reacción popular tan espontánea y unánime contra el terrorismo.

—Hemos cogido unos ciudadanos, uno, dos, tres, cuatro. Los hemos cogido y ahora esperamos que algún, que algún grupo político, quien sea, paci-, o un grupo pacifista lidere lo que tiene que liderar. ¡Y **daremos vueltas** hasta que aparezca!

Después del terrorismo, la principal **preocupación** de los españoles era el **paro**. La **coyuntura económica mundial vivía tiempos de bonanza** y el número de desempleados baja en nuestro país. El Gobierno **sacaba pecho** y repetía como un **latiguillo** la frase "España va bien".

27 En 1997 la ciudad vasca de Bilbao exhibía orgullosa **a orillas de la ría del Nervión** el sorprendente edificio **laminado de titanio** y diseñado por el arquitecto **Frank Gehry** para acoger una nueva sede del **Museo Guggenheim**. El **lehendakari**, José Antonio Ardanza, **ejerció de anfitrión** en la inauguración el 18 de octubre.

lugar de encuentro meeting place
fecundarse *here:* enrich each other
rico oropel razzmatazz
golpeó *here:* shook
traficantes dealers
cobayas guinea pigs
probar por la vena test it out intravenously
Cortan They cut it. Heroin is often "cut," or diluted, with such substances as quinine, sugar, and coffee.
guarrería filth
denunciado *here:* reported
malos tratos physical abuse, battering
de ahí ya vinieron, no guanta[das], palizas after that, there came not only slaps but beatings
Cosa de ver *in effect:* You had to see it to believe it
darme contra la pared smashed me against the wall
analfabeta illiterate
bulto *in effect:* a useless lump
yo no valía un duro I wasn't worth a *duro* (five-peseta piece)
Ana María Matute (b. 1926) Spain's most distinguished living female writer, Matute has been nominated three times for a Nobel Prize in literature. Her most acclaimed novel is *Olvidado Rey Gudú,* an allegorical folk epic published in 1996, after 25 years of silence.
Sólo un pie descalzo "Only One Bare Foot"

–Hoy, desde este Museo, volvemos a abrirnos al mundo y le ofrecemos un **lugar de encuentro** donde nuestra cultura y las de todos podrán dialogar, abrazarse y **fecundarse**.

Las inauguraciones y los actos de **rico oropel** no ocultaban la otra realidad de España. A finales de 1997 una noticia **golpeó** la conciencia social. Algunos **traficantes** utilizaban a niños como **cobayas** para probar la pureza de la droga. Lo confirmaba una toxicómana:

Frank Gehry

–A estos críos se lo[s] hacen **probar por la vena**. Y de ahí ven. Según la cara y las reacciones que tienen, saben si es mejor o peor. Y entonces eso hacen. **Cortan** más, cortan menos. Normalmente es **guarrería** lo que nos están vendiendo. Pero…, que te pueden matar.

Otro drama social difícil de erradicar sería la violencia doméstica. El 17 de diciembre de 1997 Ana Orantes fue quemada y asesinada por su ex marido. La mujer había **denunciado**, días antes en televisión, los **malos tratos** que había sufrido durante 40 años:

–Pues **de ahí ya vinieron, no guanta[das], palizas**. Yo tenía los pelos por aquí, por la espalda. **Cosa de ver**, era de cogerme de los pelos y **darme contra la pared**. Me ponía la cara así. La cara así. Y yo no podía respirar. Yo no podía hablar, porque yo no sabía hablar. Porque yo era una **analfabeta**, porque yo era un **bulto**, porque **yo no valía un duro**. Así ha si[d]o 40 años.

28 La escritora **Ana María Matute** ha tenido más suerte en esta vida. Autora de libros como *Los Abel, Los hijos muertos*, ***Sólo un pie descalzo***

Museo Guggenheim de Bilbao

u or. If the following word begins with a vowel, *o* becomes *u*.

académica *here:* female member [of the Royal Academy]

Real Academia Founded in 1713 in imitation of the Académie Française, the Royal Academy is the nation's ultimate authority on the Spanish language and its usage. Its motto is "Limpia, fija y da esplendor."

sillón "K" mayúscula The academy has 46 members at any given time, each occupying a seat known by a letter of the alphabet (uppercase as well as lowercase letters are used). *mayúscula* = uppercase/capital [letter]

escasísimas very few

llevan el mundo dentro de sí they carry the world inside them

oculto resplandor hidden glow

se derrumba collapses

balsa de residuos waste pool

vertido spillage, waste

arrastra carries

lodos sludge, mud

Parque Nacional de Doñana Doñana, in the provinces of Seville and Huelva, is Spain's largest national park, Europe's largest nature reserve, and one of the most important wetlands on the continent.

Medio Ambiente environment

Isabel Tocino (b. 1949) The post of minister of the environment, created in 1996, was first held by Tocino (1996–2000). She resigned from politics in 2002.

sumamente extremely

sobrenadante scum

incidencia social social impact

valor value

tregua ceasefire; truce

remitido sent

aportamos *in effect:* we're bringing you

el juez Garzón Baltasar Garzón Real (b. 1955), known as the *Superjuez* for his tireless populist campaigning against the corruption of the high and mighty

supuestos alleged

u *Olvidado Rey Gudú*, fue elegida **académica** de la **Real Academia** y ocupó el **sillón "K" mayúscula** el 18 de enero de 1998. Ha sido una de las **escasísimas** mujeres que forman parte de la institución. Recordamos parte de su discurso de ingreso:

–La palabra hermano, la palabra miedo, la palabra odio, la palabra envidia, amor. Son palabras muy simples, pero **llevan el mundo dentro de sí**. No siempre es fácil ni sencillo descubrirlo. Hay que intentar alcanzar el **oculto resplandor** de esas palabras.

El 25 de abril de 1998 **se derrumba** parte del muro de la **balsa de residuos** de la mina de Aznalcóllar, en la provincia de Sevilla. El **vertido** contaminante va a dar al río Guadiamar, que a su vez **arrastra** los **lodos** tóxicos hasta las puertas del **Parque Nacional de Doñana**, la mayor reserva ecológica de Europa. La ministra de **Medio Ambiente, Isabel Tocino,** compareció en el Parlamento para informar:

–Estamos, pues, señorías, ante un episodio de contaminación **sumamente** grave, tanto por las características químicas de los lodos y del **sobrenadante**, como por la superficie afectada, así como la **incidencia social** que este suceso va a tener, gravedad que se incrementa por encontrarse en el entorno de un espacio de tanto **valor** ecológico como es el Parque Nacional de Doñana.

El 16 de septiembre de 1998 la organización terrorista ETA anuncia otra **tregua**. Así lo recogía una radio española:

–ETA anuncia una tregua indefinida en un comunicado que ha **remitido** al periódico *Euskadi Información*. Ésa es la noticia que **aportamos** en este momento. ETA ha enviado un comunicado a *Euskadi Información* en el que anuncia una tregua indefinida.

29 El 17 de octubre de 1998 **el juez Garzón** ordena la detención del dictador chileno Augusto Pinochet por los **supuestos**

Baltasar Garzón

intervenido quirúrgicamente operated on
concede grant
arresto domiciliario house arrest
rabia rage
Isabel Allende not to be confused with the popular author of *La casa de los espíritus* (1982), who is Salvador Allende's niece
derrocado overthrown
principios principles
tienen que ver con have to do with
entregue estas señales sends a signal
no pueden quedar en la impunidad they cannot go unpunished
deriva en leads to
se suceden follow one another
recursos y contrarrecursos appeals and counterappeals
alargarán draw out
Festival de Cannes Cannes Film Festival
otorga awards
Todo sobre mi madre *All About My Mother,* which later won an Oscar for best foreign-language film
Nieves Álvarez Born in Madrid in 1974, Alvarez wrote a book, *Yo vencí la anorexia*, about her battle with the eating disorder.
Yves Saint Laurent (b. 1936) French giant of the design world who created sophisticated, chic clothing and made women's trousers popular. He retired in 2002.
saber vivir know how to live
hoy en día nowadays
tú te quieras a ti misma *here:* you like yourself
te puedo asegurar I can assure you

1998: General Pinochet of Chile is arrested in London on orders of Spanish judge Baltasar Garzón

crímenes cometidos contra ciudadanos españoles. Pinochet está en Londres para ser **intervenido quirúrgicamente**. Su pasaporte diplomático no le **concede** inmunidad, así que el Gobierno británico mantiene bajo **arresto domiciliario** a Pinochet, mientras los jueces estudian cómo resolver la situación.

Las miles de víctimas de la dictadura chilena lloran de **rabia** y alegría. **Isabel Allende**, hija de Salvador Allende, presidente legítimo de Chile, **derrocado** y asesinado por orden de Pinochet en 1973, dice al conocer la noticia:

Isabel Allende, hija de Salvador Allende, presidente de Chile

—A nosotros nos une solamente la convicción de que estamos luchando por **principios**, y esos principios **tienen que ver con** justicia. Esto es un proceso que para nosotros es importante, porque yo creo que es importante que la, que toda la comunidad internacional **entregue estas señales**, que cuando se han cometido crímenes tan horrendos **no pueden quedar en la impunidad**.

La orden de detención enviada por Garzón **deriva en** un conflicto diplomático entre Chile, España y Reino Unido. Además **se suceden** los **recursos y contrarrecursos** que **alargarán** el proceso durante meses.

En 1999 la proyección internacional de Pedro Almodóvar parece imparable. El jurado del **Festival de Cannes** le **otorga** el premio al Mejor Director por la película *Todo sobre mi madre*.

Otra cara conocida fuera de nuestras fronteras es la modelo **Nieves Álvarez**, musa de **Yves Saint Laurent**, que este año publica un libro donde confiesa su anorexia, relata cómo ha luchado contra ella y da consejos:

—Que no se obsesionen por la comida, por el cuerpo. Que hay que **saber vivir**, hay que saber alimentarse. Y eso es lo más importante. No comer tantas porquerías, como a veces **hoy en día**, ¿sabes?, los niños comen. Saber que hay que tener una alimentación equilibrada y no obsesionarse. Sobre todo, lo más importante es no obsesionarte con tu cuerpo. Está muy bien que **tú te quieras a ti misma** y quieras estar bien y guapa, pero no obsesionarse. Saber vivir. Sólo se vive una vez y una adolescencia sólo hay una. Y **te puedo asegurar** que no fue muy bonita la mía.

se irá para siempre *in effect:* will leave us for ever
Alfredo Kraus (1927–1999) Spanish lyric tenor considered one of the finest 20th-century interpreters of bel canto
choque shock
cuanto menos at the very least
Generación del 27 literary movement, formed as an homage to the poet Luis de Góngora on the 300th anniversary of his death, that counted among its proponents Pedro Salinas, Federico García Lorca, Vicente Aleixandre, and Luis Cernuda
importante significant
copiosa *here:* prolific
vuelta a las armas return to arms
Juan José Ibarretxe (b. 1957) head of the Basque autonomous government since 1999
No es hora de repartir culpas *in effect:* Now's not the time to assign blame
derechos humanos human rights
Jack Straw (b. 1946) A member of the British Parliament since 1979, Straw has been foreign secretary since 2001.
niega refuses
juzgado tried
motivos de salud health reasons
contienda contest
ostenta holds
brotado appeared
caso Lino flax case. In 1994, a government fraud involving European Union subsidies for flax growers was uncovered.
caso Zamora The Zamora scandal involved the alleged illegal financing of the Partido Popular through commissions charged to builders.
caso Piqué In 2001, alleged crimes of misappropriation of funds and tax evasion were attributed to Foreign Minister Josep Piqué.
Trabajo y Asuntos Sociales [Ministry of] Work and Social Affairs

30 Con el final del verano del 99 **se irá para siempre** una de las mejores voces masculinas, si no la mejor, de la lírica española: **Alfredo Kraus**. El tenor relataba pocos meses antes de su muerte cómo se predisponía al salir a un escenario:

–Salir al escenario siempre es un **choque** emocional. Siempre hay que superar unas barreras psicológicas y, y bueno, hum, que no haya un desequilibrio en la vida de un cantante en determinado momento, **cuanto menos**, es un poquito difícil.

También moría un mes después el último poeta de la **Generación del 27**, Rafael Alberti. Tenía 96 años y dejaba tras de sí una **importante** y **copiosa** obra.

El 28 de noviembre de 1999 llega la peor noticia del año para España.

ETA anuncia en un comunicado la ruptura de la tregua y la **vuelta a las armas**. Ésta fue la reacción del lehendakari **Juan José Ibarretxe**:

–**No es hora de repartir culpas**, sino de reaccionar con equilibrio, con responsabilidad, sin perder los nervios, con serenidad.

Los inicios del año 2000 tampoco serán propicios para los defensores de los **derechos humanos**. El ministro del Interior británico **Jack Straw niega** la extradición de Pinochet para que sea **juzgado** en España por **motivos de salud**.

También en el 2000 los políticos se preparan para una nueva **contienda** electoral. Al Partido Popular, formación que **ostenta** el poder, ya le han **brotado** los primeros casos de corrupción: el **caso Lino**, el **caso Zamora**, el **caso Piqué**. Hasta uno de sus ministros, Manuel Pimentel, responsable de **Trabajo y Asuntos Sociales**, ha dimitido.

31 Pero los votantes vuelven a darle su confianza el 12 de marzo del 2000. El triunfo del Partido Popular es arrollador. Tendrá mayoría absoluta en

Manifestación en Madrid en contra de Pinochet

Congreso de los Diputados Spanish equivalent of the U.S. House of Representatives and the British House of Commons

Luisa Fernanda Rudí Rudí has been speaker of the House since 2000.

trecho por recorrer way to go, distance

igualdad real true equality

suponer mean

referente reference point

Penélope Cruz (b. 1974) actress with classic dark good looks whose screen career was for several years overshadowed by her relationship with actor Tom Cruise

Javier Bardem (b. 1969) Bardem, one of Spain's finest, most chameleonic character actors, is the nephew of director Juan Antonio Bardem.

Festival de Venecia The annual Mostra Internazionale d'Arte Cinematografica, which is overseen by the Venice Biennale, is held on the Lido in late August or early September.

Reinaldo Arenas (1943–1990) Cuban writer, greatly imaginative and openly homosexual, famous for his struggles against a repressive political system. Ill with AIDS, he committed suicide in New York.

Antes que anochezca "Before Night Falls"

el **Congreso de los Diputados**, que por primera vez será presidido por una mujer, **Luisa Fernanda Rudí**.

–Al igual que nuestras compañeras de otros países europeos, nos queda un largo **trecho por recorrer** hasta alcanzar la ansiada **igualdad real**. La presencia de una mujer al frente de esta Cámara, junto con una importante participación femenina entre el resto de los miembros de la mesa, estoy segura que va a **suponer** un **referente** importante para la sociedad española.

Durante la madrugada del 27 de marzo se celebra la gala de los Oscar. Los actores españoles Antonio Banderas y **Penélope Cruz** son los encargados de abrir el sobre que contiene el título de la mejor película extranjera. Penélope tiene la palabra:

–…and the Oscar goes to… Pedro!
–*All About My Mother!*

Penélope Cruz

2000: Pedro Almodóvar wins Oscar

Pedro Almodóvar gana por *Todo sobre mi madre*. Pero el 2000 traerá más premios para el cine español. **Javier Bardem**, futuro candidato al Oscar al mejor actor, consigue la copa Volpi del **Festival de Venecia** por su interpretación del escritor cubano **Reinaldo Arenas** en la película *Antes que anochezca*.

–Este premio es un…, es, pues, es un regalo. Y no sé qué haré con ese regalo. Espero, hum, poder disfrutarlo mucho.

Pedro Almodóvar con el Rey

32 La organización terrorista ETA continúa asesinando y

alcaldesa [female] mayor
pleno extraordinario extraordinary plenary (full) meeting
simpatizantes sympathizers
plantó cara faced up to
cedió la palabra gave the floor to
Que se den cuenta Let them see
¡Dejadles hablar! Let them speak!
yacimientos archaeological sites
Sierra de Atapuerca site near Burgos, in Castilla y León, that contains Europe's oldest human remains, including stone tools dating from almost a million years ago
patrimonio de la humanidad World Heritage site
eslabón común common link
permitirán reconstruir will allow the reconstruction
desde hace *in effect:* going back
nuestra naturaleza actual *in effect:* the way we are today

extorsionando a todo aquel que no piensa como ella. Ana Urchueguía, **alcaldesa** de Lasarte, convocó un **pleno extraordinario** tras el asesinato de uno de sus vecinos. Los **simpatizantes** de ETA intentaron boicotear el acto. La alcaldesa les **plantó cara** y les **cedió la palabra** para demostrar la diferencia entre los que matan y los demócratas:

–Lo que nosotros pedimos es eso, poder expresar y decir cada uno lo que piensa, libremente. **¡Que se den cuenta** lo que significa eso!

–¡Que no!

–**¡Dejadles hablar!** ¡Dejadles hablar! ¡Dejadles hablar! ¡Silencio! ¡Dejadles hablar! ¡Dejadles! ¡Que ésa es la diferencia entre ellos y nosotros! ¡Dejadles hablar!

La Monarquía celebra su 25 aniversario y los **yacimientos** de la **Sierra de Atapuerca** son declarados por la UNESCO **patrimonio de la humanidad**. Los restos encontrados en las proximidades de Burgos han permitido definir una nueva especie, el "homo antecesor", que puede considerarse el **eslabón común** de neandertales y sapiens. Los fósiles que serán desenterrados durante los próximos años **permitirán reconstruir** la evolución del ser humano en Europa **desde hace** prácticamente un millón de años. Juan Luis Arsuaga es uno de los directores de la investigación:

–El pasado, nuestra historia, nos revela muchas cosas acerca de **nuestra naturaleza actual**. Porque somos un producto de la historia los humanos, ¿no? O sea, que lo que somos se ha ido construyendo a lo largo de muchísimo tiempo y gracias al estudio de nuestra evolución nos conocemos mejor a nosotros mismos. Pero es que además el pasado es la clave para resolver o para conocer muchos de los problemas actuales.

El príncipe Felipe en la Sierra de Atapuerca

1996-2000
GLOSARIO Y NOTAS

antesala del tiempo antechamber of time
periplo journey, voyage
archivo sonoro sound archive
nuestro empeño our endeavors
acercarles más bring you closer

31 de diciembre de 2000. Es medianoche. Las 12 campanadas de la Puerta del Sol de Madrid despiden el año, el siglo y el milenio. En la **antesala del tiempo** espera el 2001 con sus luces y sus sombras. Pero ésa es otra historia.

CONCLUSIÓN

33 Y así llegamos al final de nuestro **periplo** por la historia del siglo XX español. *Voces de España* ha sido presentado por Ángeles Afuera y Miguel Ángel Nieto. Nuestro agradecimiento especial a la Cadena Ser por poner a nuestra disposición su **archivo sonoro**. Les habla Iñaki Gabilondo. En nombre de todo el equipo que ha elaborado *Voces de España* les agradezco su atención y espero que hayan disfrutado de **nuestro empeño** en **acercarles más** a la historia reciente de España a través de las voces de sus protagonistas.

VOCES DE ESPAÑA
CRÉDITOS

The editors and publisher wish to thank the following who have kindly given permission to reproduce the photographs on the pages indicated:

Cover Corbis, gettyimages editorial (2), Agence France Presse (AFP), AFP/Getty Images

Page 13, 15, 19, 29, 35, 43, 65, 69, 71, 75, 81, 91, 123, 135, 137, 143(2), 149, 151, 163, 167, 169 ANU

Page 57, 59, 65, 101, 105, 113, 141, 153, 173, 193, 195 Corbis

Page 33, 37, 49(2), 51, 53, 67, 73, 79, 85, 95, 99, 101, 111, 117, 129, 137, 145, 171, 185(2) gettyimages editorial

Page 13, 17, 21, 23, 31, 41, 43, 61, 93, 97 Roger-Viollet/AFP Images

Page 25, 45, 47, 55, 77, 85, 87, 89, 91, 93, 103, 107, 109, 113, 115(2), 119, 121, 123, 125(2), 127, 135, 147, 149, 153, 157, 159, 163, 165, 167, 169, 175, 177, 179, 181, 187, 189, 191, 193 AFP/Getty Images

All photos © 2004

VOCES DE ESPAÑA
ÍNDICE